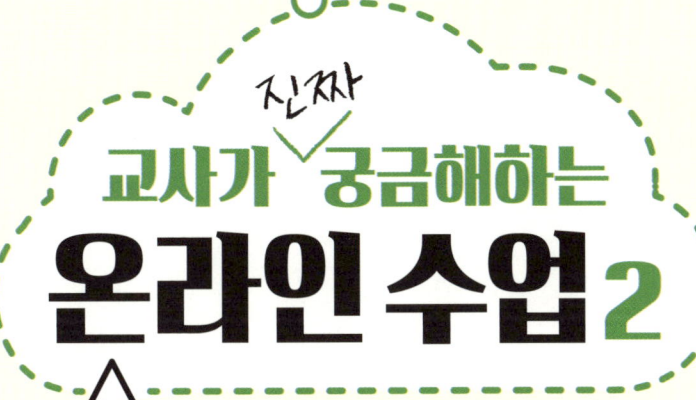

교사가 진짜 궁금해하는
온라인 수업 2

상호작용과 학습 동기를 끌어올리는
범교과 온라인 수업 활동

실천 사례편

순지선 | 김여수 | 오소정 | 염효성

학교
도서관
저널

추천사

　장기화되고 있는 온라인 수업 상황에서 시의적절하게 나온 이 책은 기존의 온라인 수업에서 활용하는 에듀테크 도구 중심의 구성이 아닌, 현직 교사들이 실제 수업에서 좌충우돌하며 얻은 귀한 경험이 담긴 책입니다. 현직 교사라면 누구나 공감하고 당장 현장에서 써먹을 수 있는 실제적인 사례와 학생들과의 래포 형성을 중심에 둔 다양한 활동들이 담겨 있습니다. 새 학기가 시작되면 두려움으로 시작하는 온라인 교실이 아니라 자신감 넘치는 교실로 바꿀 수 있는 힘을 얻게 될 것입니다.

- 김재현(수원중앙기독중학교 교사, GEG 수원 리더)

　"온라인 수업이 대수인가. 오프라인 수업 하던 걸 그냥 온라인으로 하면 되는 거 아냐?"라는 이들에게 그 차이를 설명하는 것은 참으로 힘든 일입니다. 축구와 수구의 차이 정도가 아닌 축구와 양궁의 차이만큼이나 다른 온라인 수업. 그만큼 목표, 계획, 준비, 진행, 평가 그 모든 것이 새로운 룰 아래 진행되다 보니 축구선수들이 어느 날 갑자기 양궁선수가 되기란 쉽지 않습니다. 그럼에도 불구하고 이런 '트랜스포메이션'을 성공적으로 하신 분들이 있는데 바로 이 책의 저자들입니다. 다양한 에듀테크 도구들을 이용하여 기기묘묘한 사례를 나누셨는데 이를 보다 보면 저도 몰래 줌Zoom을 열고 학생들과 빨리 만나고 싶은 마음이 듭니다. 이 책을 보실 모든 독자분들 역시 그러하시리라 생각합니다. 우리 아이들도 기다리는 멋진 온라인 수업, 『교사가 진짜 궁금해하는 온라인 수업 2: 실천 사례편』과 함께 시작해 보시죠!

— 박정철(국내 최초 구글 이노베이터, 단국대학교 치과대학 교수)

우리나라 교실에 컴퓨터와 40인치 내외의 프로젝션 TV가 보급된 지 20년이 넘습니다. 이렇게 칠판이 디지털화되기 시작한 순간부터 수업은 온라인과 오프라인의 구별이 사라지게 됩니다. 아이들이 제출한 과제가 온라인에 탑재되고 그것이 교실 수업에 활용되면 어디부터가 온라인이고 어디부터가 오프라인인지 구별이 어렵습니다. 가령 수업을 페이스북 라이브로 해서 저장해 올리면 학생들은 하굣길에 다른 반 친구들이 한 수업을 보면서 자연스레 학습을 하게 됩니다. 코로나는 비대면 수업을 앞당겨주었을 뿐입니다. 되돌릴 수 없는 아주 오래된 미래지요. 코로나 이전의 집착을 버리고 이 책과 함께 미래로 출발하시길!

— 송형호(서울시교육청 정책자문관, 『송샘의 아름다운 수업』 저자)

각종 온라인 수업 도구의 홍수 속에서 수업 사례를 테마로 하여 도구를 실제 수업에 어떻게 적용할 것인가에 대한 실마리를 찾을 수 있는 책입니다. 활동의 구성 및 진행 단계를 세부적이지만 간단하게 안내함으로써 한 장 한 장 책을 넘기며 따라 할 수 있도록 구성되었습니다. 이를 통해 온라인 수업에 대한 다양한 영감을 이끌어낼 수 있을 것이라 확신합니다. 또한, 실제 활동 장면을 QR코드를 통해 제공하여 자칫 글만으로는 이해하기 어려운 내용을 효과적으로 전달하고 있습니다. 집필에 참여한 선생님들의 고뇌를 엿볼 수도 있었습니다. 한 땀 한 땀 정성이 들어간 수업 사례에 큰 박수를 보냅니다.

- 유병선(전주대학교사범대학부설고등학교 교사, GEG전북 공동리더)

전편에 이어 온라인 수업의 기초 초석을 다지는 모든 것을 모아둔 온라인 수업의 "다있소" 버전, 우리가 세우고 운영하는 온라인 학교의 1층 계단부터 한 층 한 층 어떻게 올라가면 좋을지 차근차근 설명하고 있는 책. 실시간 학급조회 때 학생들과 나눌 수 있는 간단한 출석 미션부터 실시간 수업 운영의 깨알 같은 다양한 팁, 수업 설계에 도움이 되는 단계별 디지털 툴에 대한 안내까지 블로그와 유튜브를 일일이 뒤지지 않아도 되게 집약적으로 모아둔 친절한 책입니다. 교원학습공동체로 만나고 지속적인 모임과 연구를 실천하는 저경력 교사들이 '함께'라는 것의 힘을 보여주어서 감사합니다. 교사도 학생도 동료와 협업하고 성찰하고 실천을 통해 배워야 한다는 진리를 다시 한번 확인합니다.

— 장은경(가락고등학교 수석교사)

『교사가 진짜 궁금해하는 온라인 수업』은 코로나19로 맞이하게 된 온라인 비대면 수업의 상황에서 가뭄에 단비와 같은 귀중한 책으로 학교 현장에서 큰 호응을 받았습니다. 코로나19는 전 세계의 학교를 마비시킬 정도로 어려움을 가져왔지만 한편으로 온라인 교육을 전면적으로 활용하는 귀중한 경험을 안겨주었습니다. 이번에 새롭게 세상에 소개되는 『교사가 진짜 궁금해 하는 온라인 수업 2: 실천 사례편』은 코로나19가 지나간 이후에도 온라인 비대면 수업과 대면 수업이 혼합되는 상황에서 꼭 필요한 내용을 담고 있습니다. 코로나19가 지나가면 온라인 수업은 어쩔 수 없이 활용하는 대체 수업의 방법이 아니라 학교 교육의 혁신을 이끌어갈 미래교육의 지렛대 역할을 할 것입니다. 이 책은 학교 현장에서 온라인 수업을 혁신적으로 활용하기 위한 길라잡이가 될 것이라 믿어 의심치 않습니다.

— 정제영(이화여대 호크마교양대학장, 미래교육연구소장)

차례

추천사 ο 4
일러두기 ο 12
시작하며 오프라인을 품은 온라인 수업 ο 13

01 실시간 쌍방향 수업을 위한 준비
: 줌 활용을 중심으로

1) 줌의 기능과 온라인 수업 활용법 ο 20
2) 생각 나누기와 모둠 활동을 돕는 수업 도구 ο 35

02 새 학기 래포 형성에 도움되는 온라인 활동

- '화면 속의 외침' 게임 ο 42
- 누구나 재미있게 참여하는 '초성 게임' ο 47
- 집중력을 높이는 '겹침 사진 게임' ο 50
- '겹침 글자게임'으로 수업 내용 복습하기 ο 57
- '벽돌 깨기 게임'으로 수업 내용 살펴보기 ο 62
- '집중과 참여를 끌어내는 '겹침 소리 게임' ο 66

03 온라인 수업 실천 사례

1) 아이들과의 첫 만남, 첫 수업 ◦ 70
- 교과서 속 숨은 그림, 단어, 문구 찾기 ◦ 71
- 매너/수업 규칙 카드 만들기 ◦ 75

2) 온라인 수업 활동 ◦ 85
- 멘티미터를 활용한 키워드 수업하기 ◦ 86
- 그림 파일과 설문조사 기능을 활용한 학습지 ◦ 88
- 필기 후 사진 찍어 올리는 디지로그 활동 ◦ 98
- '노래 가사 바꾸기'로 핵심 내용 암기하기 ◦ 103
- 학생의 목소리로 직접 녹음해 보는 활동 ◦ 109
- 배운 내용을 설명하거나 실습하는 동영상 ◦ 113
- 복습 문제 직접 출제하기 ◦ 116
- 보드게임으로 학습 내용 복습하기 ◦ 119
- 구글 설문지로 영상 학습과 복습 퀴즈를 한 번에 ◦ 127
- 온라인 발표 수업 ◦ 133

Q & A

- 오픈 채팅방을 이용한 실시간 모둠 토의　140
- 패들렛을 이용한 찬반 토론　148
- 패들렛을 활용한 OX 퀴즈　151
- 영상 보고 생각 나누기　158
- 릴레이 글쓰기　164
- 배운 내용을 시간순으로 정리하기　171
- 패들렛을 활용한 독서 수업　175
- 잼보드로 핵심 내용 정리하기　183
- 협업해서 발표 자료 만들기　191
- 학습 내용으로 사진 시 만들기　195
- 우리 동네 야외 수업　199
- 타이포그래피로 학습 내용 정리하기　204

3) 정리 및 피드백 활동　208
- 질의응답과 과제 피드백하기　209
- 선생님과 친구들이 함께하는 피드백　213
- 온라인 작품 전시회 '명예의 전당'　217

4) 온라인 수업 중 평가　226
- 온라인 수업 중 평가 방법　227
- 단계별 온라인 수업 평가　229
- 영어과 평가 사례: 대화하기　233
- 국어과 평가 사례: 비평문 쓰기　238

04 온라인 학습에 유용한 프로그램

에드퍼즐 Edpuzzle	○ 244
라이브워크시트 Liveworksheet	○ 254
페어덱 Peardeck	○ 262
니어팟 Nearpod	○ 276
유튜브 Youtube	○ 289

부록 온라인 축제 도전기	○ 297
맺으며 포스트 코로나 시대의 블렌디드 러닝	○ 304
감사의 글	○ 312

일러두기

이 책에서 다루는 온라인 수업 유형과 용어 뜻을 간단히 정리하면 다음과 같습니다. 선생님들도 한 가지 수업 형태만 활용하기보다는 수업의 목적과 상황에 따라서 다양한 수업의 형태를 구현하시길 바랍니다.

콘텐츠 활용 수업: 미리 제작한 동영상 수업 자료를 학생들이 보는 방식의 수업입니다. 선생님들이 직접 영상 자료를 만들 수도 있고 이미 만들어진 영상 자료를 가져다 사용하기도 합니다.

과제 수행 중심 수업: 주로 선생님이 과제를 제시하면 학생들이 이를 수행하는 방식으로 진행됩니다. EBS 온라인클래스, e학습터, 구글 클래스룸 등의 '학습관리시스템^{LMS}'을 활용해서 학생들의 과제 수행 여부를 확인합니다.

실시간 쌍방향 수업: 각종 스마트 기기 화면을 통해 선생님과 학생들이 동시에 접속하여 서로의 얼굴을 보면서 수업을 진행하는 방식입니다. 지금까지 해왔던 교실 수업의 모습과 가장 유사한 형태로 설명, 문제 풀이, 문답식 등의 수업을 진행합니다.

온라인 수업·원격 수업: 학생들이 학교에 오지 않고 가정에서 수업을 듣는 형태를 말합니다.

오프라인 수업·등교 수업: 이제까지 해왔던 것처럼 학생들이 등교하여 교실에서 수업을 듣는 형태를 말합니다.

시작하며

오프라인을 품은 온라인 수업

 2020년 4월 6일, 사상 최초로 전국의 모든 학교에서 온라인 개학을 했습니다. 그날 학교에 흘렀던 긴장과 혼란은 이루 다 말로 할 수 없습니다. 설마가 현실이 된 상황에서 준비되어 있지 않았던 학교는 혼란의 소용돌이에 휩쓸렸습니다. 선생님 대부분이 온라인 수업에 대한 경험이 없었기 때문에 갑작스럽게 전환하기 쉽지 않았지만 각고의 노력을 쏟아부은 결과, 단기간 내에 온라인 수업이 정착되었습니다. 이제 학교에 가지 않고 수업을 듣는다고 해도 놀라는 경우는 거의 없을 정도로 온라인 수업은 우리의 생활 속에 자리를 잡은 듯합니다. 하지만 교육 효과에 대한 우려가 많은 것도 사실입니다. 온라인 수업이 장기화되면서 학력 격차가 벌어지고 있으며 이로 인해 사교육 의존도가 높아지고 있다는 여러 기사들이 나오고 있습니다. 이는 학부모, 교사, 학생 모두 체감하는 부분입니다. 온라인 수업에 대해 부정적인 견해가 생기는 것은 어쩌면 자연스러운 일일지도 모릅니다.

하지만 코로나19가 해결되는 그날까지 당분간 온라인 수업과 등교 수업은 병행될 것이며 코로나19가 지나가도 온라인 수업과 등교 수업을 같이 하는 블렌디드blended 수업의 흐름도 계속될 것으로 보입니다. 그렇다면 이제 온라인 수업에 대해 다시 한번 생각해보고 재정비를 해야 할 때가 아닐까요?

온라인 수업이 던진 질문

매일 학생들이 학교에 와서, 서로 얼굴 보고 수업하는 것이 당연했던 예전에는 이런 고민을 할 필요가 없었습니다. 하지만 온라인 수업의 특성상 학생들이 수업의 선택권을 쥐고 있는 상황에서 많은 고민거리가 생겨납니다. 수업을 듣는 것과 관련된 모든 것, 다시 말해, 언제 수업을 들을지, 어떻게 수업을 들을지를 학생이 선택할 수 있게 되었습니다. 학생에게 어서 수업 들으라고 전화하고 문자하고 재촉하는 일은 교사에게 하루 일과 중 가장 많은 시간과 노력을 필요로 하는 일이 되었습니다. 수업 들을 때 제대로 책상에 앉아서 듣는지 누워서 듣는지, 어떤 상태로 듣는지 확인하기 어렵고, 수업을 듣는 것만으로도 감지덕지해야 하는 상황입니다. 현재 학생들과 연락할 수 있는 수단이 기껏 SNS나 문자, 전화로 국한되고 그마저도 학생들이 연락을 받지 않을 경우 의사소통이 되지 않는 제한점이 있습니다.

이럴 때일수록 우리는 수업의 본질이 무엇인가 생각해봐야 합니다. 수업에서 가장 중요한 것은 수업을 제공하는 교사와 수업을 듣는 학생의 '상호작용'입니다. 수업은 교사와 학생이 교과 내용을 통해 대화를 나누고, 서로 성장하는 과정의 연속입니다. 그렇다면 온라인 수업 속에서 학생들과의 상호작용을 어떻게 늘릴 수 있을까요?

학생들과의 상호작용을 위해서는 대화거리를 던져줘야 합니다. 학생들에게 생각할 거리를 줘야 합니다. 그리고 학생들과의 대화가 계속 이루어지도록 교사가 집요하게 말을 걸어야 합니다. 이를 위해서 우리는 우리의 수업에 대해서 고민해봐야 합니다. 우리의 수업 속에 학생들과 대화할 수 있는 요소가 잘 설계되어 담겨 있는지 봐야 합니다. 이야기는 꼭 말로만 전해지는 것이 아닙니다. 학생들의 손글씨, 학생들의 음성, 문제 풀이, 글, 생각, 표정이나 모습 등 여러 방법으로 학생들은 자신에 대해 이야기합니다. 우리는 학생들이 보내는 다양한 신호를 통해 학생들을 이해하고 그들과 대화할 수 있습니다. 온라인 수업에서 교사와 학생이 성장하기 위해서는 꾸준히 대화하려는 시도를 해야 합니다.

학교마다 교사마다 다른 여건과 역량

실시간 쌍방향 수업에 대한 요구도 점점 커지고 있습니다. 여러 상황이나 여건으로 인해 한 해 동안 많은 수업이 과제 중심으로 진행되고 있다 보니 학생들이 수업 시간에 방치된다는 목소리가 점점 커지고 있기 때문입니다. 사실, 실시간 수업은 잘 이루어지기만 한다면 굉장히 좋습니다. 수업 시간이 되면 학생들이 동시에 접속해서 같이 얼굴 보며 공부하는 모습을 생각해보세요. 비록 다른 공간에 떨어져 있어도 함께 공부하는 느낌을 받을 수 있습니다.

하지만 모든 학교에서 실시간 수업을 진행할 수 있는 여건이 갖춰져 있지 않은 것이 현실입니다. 학교에 실시간 수업을 위한 인프라가 구축되어 있지 않고, 아직 많은 선생님들이 사이버 공간에 본인의 흔적이 남는 것을 부담스러워합니다. 설상가상으로 학생들도 자기 얼굴과 사적인 공간을 공개하면서 수업에 참여하는 것을 원하지 않는 경우도 많습니다.

이럴 때 꼭 얼굴 보고 수업하는 것이 실시간 수업인가에 대해 고민해볼 필요가 있습니다. 학생들이 SNS에 동시에 접속해서 실시간으로 채팅하고 토의하면서 수업을 진행한다면 그 또한 실시간 쌍방향 수업의 한 형태로 볼 수 있지 않을까요?

그동안 온라인 수업 기간을 거쳐오면서 시행착오를 바탕으로 학생들의 이야기를 잘 들을 수 있는 여러 수업 방법들을 발견했습니다. 프로그램 및 기기 활용의 숙련도와 상관없이 학생들의 이야기를 많이 들을 수 있는 수업에서 선생님과 학생 간, 학생과 학생 간 상호작용이 풍성해진다는 것을 확인했습니다. 결국 온라인 수업은 우리에게 학생들과 어떻게 상호작용하고, 수업을 구상해야 하는지, 수업에 대한 아주 근본적인 질문으로 돌아가게 하고 있습니다. 이 책은 교사와 학생이 서로의 존재감을 확인할 수 있고, 그 속에서 학생들의 이야기에 귀기울일 수 있는 활동을 찾아 정리했습니다. 이제 일상이 되어버린 온라인 수업에서 학생들과 대화를 나누고 그들의 이야기를 더 듣고 싶은 선생님들께 도움이 되기를 바랍니다.

01

실시간 쌍방향 수업을 위한 준비

: 줌Zoom 활용을 중심으로

현재 실시간 쌍방향 수업에 사용되는 프로그램은 구글 미트, 줌, 웹엑스, 유튜브 라이브 등이 있습니다. 접근의 용이성 및 기능의 다양성 측면을 고려했을 때 가장 많이 사용되는 프로그램은 줌이므로, 이 장에서는 줌을 활용해 실시간 쌍방향 수업을 진행하는 방법을 소개합니다. 또한 온라인으로 생각을 나누고 함께 실시간 학습지를 풀며 모둠 활동을 할 수 있게 도와주는 수업 도구들도 살펴봅니다.

줌의 기능과 온라인 수업 활용법

원활한 실시간 화상 수업을 진행하기 위해서는 학생들에게 미리 기본적으로 지켜야 할 수업 규칙을 공지하는 것이 필요합니다. 처음 입장할 때 학생들이 모두 마이크를 켜놓으면 소란스러워질 수 있기에 마이크를 음소거하고 카메라 기능을 켜서 얼굴을 보여주며 입장하도록 안내합니다.

줌의 경우 교사가 수업 설정 시 [참여자 마이크 음소거] 및 [카메라 켜기] 기능을 설정해둘 수 있기에 학생들이 규칙을 지키지 않아서 발생할 혼란 가능성을 예방할 수 있습니다. 또한 학생들 간에 비공개 채팅(귓속말 기능)을 할 수 있으므로 '설정'에 들어가서 이 기능을 미리 꺼두어야 합니다.

'대기실 기능'을 활성화하여 교사가 허용하는 학생들만 수업에 접속할 수 있도록 하고, 교사가 학생의 입장을 수락하기 전에는 학생들이 대기하도록 합니다.

수업을 위한 기본 설정

줌 홈페이지 로그인 후, 오른쪽 상단의 [내 계정]을 선택한 다음 왼쪽 메뉴에서 [설정]을 누르면 보안, 회의 예약, 회의 중(기본, 고급) 이메일 알림, 기타 등에 관한 설정을 할 수 있습니다.

○ [참가자 비디오] 켜기

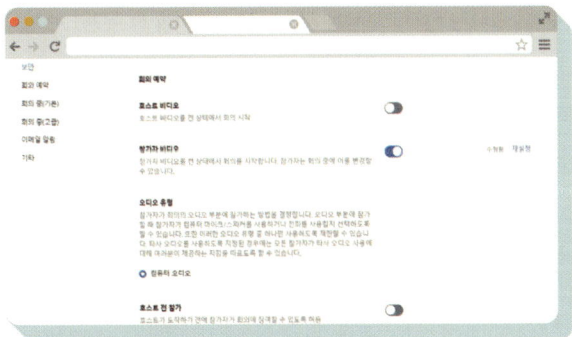

○ [비공개 채팅] 끄기

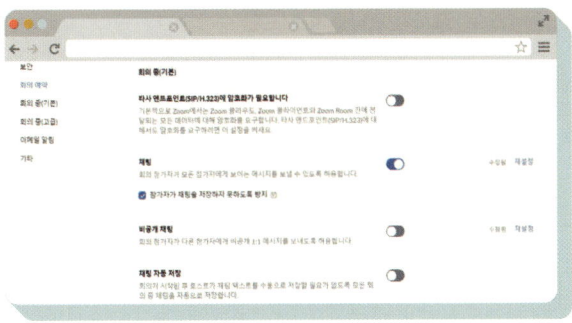

○ [화면 공유] 학생들에게 교사의 화면을 보여주며 수업하거나 학생들이 서로의 자료를 보여주며 발표할 때 사용

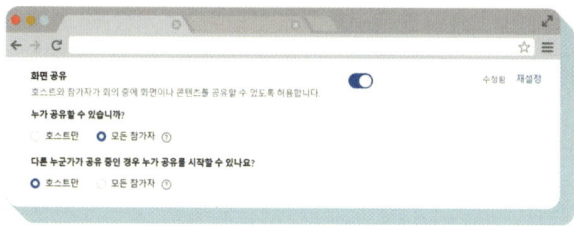

○ [주석] 교사가 전자교과서를 사용하거나 필기할 때 유용

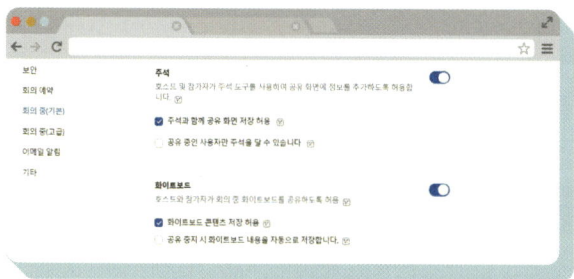

○ [소회의실] 학생들이 모둠 활동, 모둠 토의를 할 수 있는 온라인상의 모둠 공간으로, 교사가 드나들며 지도할 수 있음

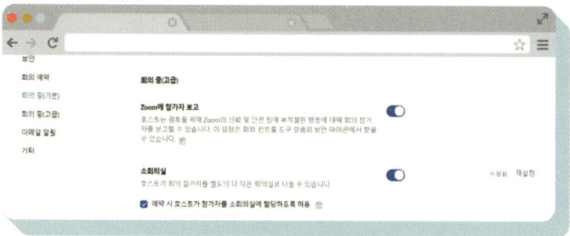

◦ **[대기실] 참가자를 대기실에 두고 개별 수락하는 기능**

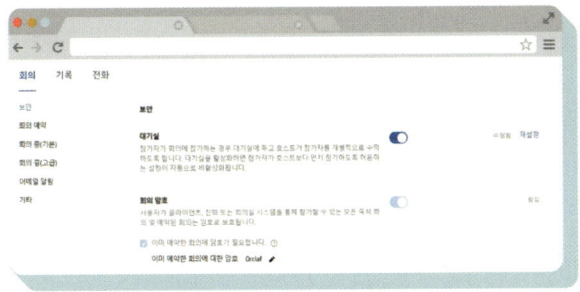

수업 만들고 예약하기

먼저 수업 예정 시간을 설정한 뒤 이를 예약해두고, 학교에서 사용하는 플랫폼에 해당 링크를 공유하면 됩니다. [대기실] 기능을 사용하고, [호스트 전 참가]를 비활성화하여 교사가 입장을 허용한 사람만 들어올 수 있도록 설정합니다. 설정이 알맞게 되어야 외부인이 링크를 타고 들어올 수 없습니다. 링크가 있는 경우에는 별다른 로그인 없이 링크를 눌러 들어올 수 있지만, 수업 코드를 입력했을 경우에는 미리 교사가 제공한 비밀번호를 입력해야 입장이 가능합니다.

○ 줌 다운로드 후 실행, [예약] 누르고 [비디오] 참가자 켜기

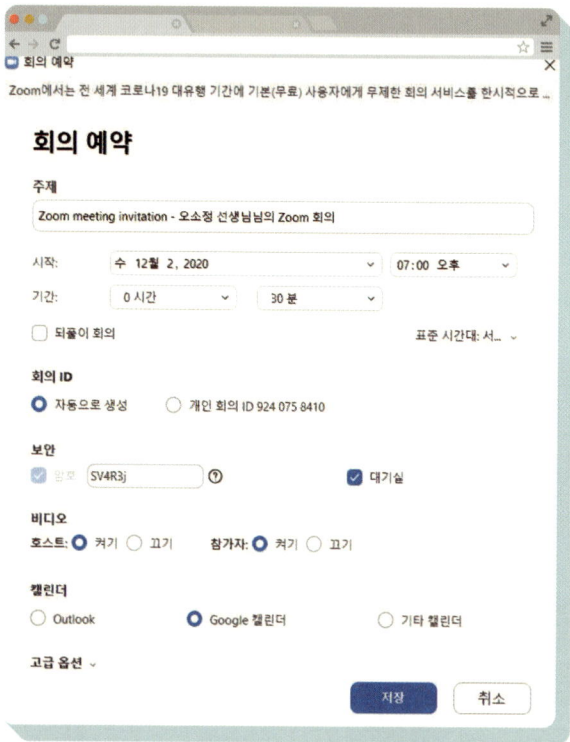

○ [고급 옵션]-[호스트 전 참가 사용] 끄고 [입장 시 참가자 음소거] 켜기

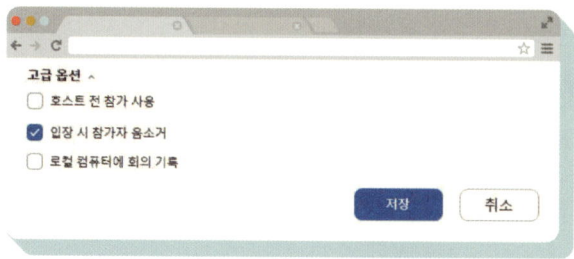

출석 체크

▷ 구글 설문조사 출석 체크

구글의 설문조사 기능을 활용하여 출석 체크를 할 수 있습니다. 수업을 시작하기 전에 미리 링크를 올려 출석 체크를 한 후 수업에 참여하게 한다면 수업 시간에 출석 확인을 해야 하는 번거로움을 덜 수 있어 편리합니다.

출석 체크 파일 사본: http://gg.gg/mzzsh

▷ 실시간 출석 미션

온라인 수업에서는 학급 조회나 송례 또는 수업 전 실시간으로 출석을 확인하는 업무의 부담이 적지 않습니다. 선생님뿐만 아니라 매번 출석을 체크하는 학생들도 이 시간을 유쾌하게 생각하지는 않는 것 같습니다. 졸린 눈을 비비고 멍하니 화면을 바라보며 자신의 이름이 불리면 겨우겨우 대답하는 것으로 출석 확인을 하는 아이들을 보면서 함께 기운이 빠지기도 하고, 제시간에 출석하지 않는 학생들을 기다리거나 어서 들어오라고 학생들에게 애타게 연락을 취하다 보면 수업을 시작하기도 전에 기운이 소진되는 느낌이지요. 가뜩이나 마음의 온기를 전하기 어려운 온라인 세상에서 조회나 출석마저 딱딱하게 시작하면 그날 하루가 더 무겁게 다가오기도 합니다.

하루의 시작이나 수업의 시작을 조금이나마 재밌고 활기차게 할 수 있는 출석 확인 미션 몇 가지를 소개하고자 합니다. 줌으로 실시간 화상 조종례를 하는 경우에는 릴레이 응답이나 채팅으로 출석 미션을 할 수 있으며, 카카오 라이브 채팅 등을 활용하는 선생님은 채팅을 이용하여 실시간 출석 확인 미션 수행이 가능합니다. 아래 소개된 방법이 아니어도 상황에 따라 다양하게 변형 및 응용하여 사용하실 수 있습니다.

머리와 가슴을 여는 출석 확인 미션

- 끝말잇기: 눈치게임처럼 말하는 순서가 겹치지 않게 하는 끝말잇기. 만약 겹치거나 동시에 말하면 다시 한다.
- 맞춤법 맞히기: 학생들이 잘 틀리는 맞춤법 제시하기. 예: 닦달하다 vs. 닥달하다
- 오늘의 초성 퀴즈: 초성을 제시하고 해당하는 단어 말하기. 사물, 동물 등 단어의 범위를 한정할 수도 있음. 예: 'ㅇㅅ'으로 시작하는 사물(우산, 양산 등)
- 다다익선 초성 퀴즈: 초성을 주고 주어진 시간 내에 가장 많은 어휘 생성하기. 예: ○○초 내에 'ㄱㄴ'으로 시작하는 단어 누가

가장 많이 대는가(그네, 고난, 곁눈, 금년, 과녁 등)
- 추리 퀴즈: 인터넷으로 추리 퀴즈 검색을 하면 다양한 문제가 나옴. 그중 학생들이 맞힐 수 있는 문제를 찾아 제시하고 이유까지 설명하게 함. 학생들이 좋아하는 미션 중 하나.
- 친구를 찾아 칭찬하라: 초성이나 모음을 제시한 후에 해당 음운이 들어가는 같은 반 학생의 이름을 말하고 그 학생의 장점이나 칭찬할 점 한 개씩 말하기. 예: 'ㅁㅈ'이 들어간 친구를 찾아 칭찬하기(김민정-다른 친구들을 잘 도와준다/ 박지민-학급 분위기를 즐겁게 만든다 등)
- 담임 선생님 애칭 만들기: 담임 선생님의 애칭을 만들고 이유 말하기
- 선생님을 닮은 동물 찾기: 담임 선생님이나 교과 선생님의 특성을 닮은 동물 이름과 이유 말하기
- 어제 먹은 점심 메뉴 말하기: 단순한 미션이지만 다른 학생들과 소통 및 공감 형성, 대화 이어가기를 가능하게 해준다.
- 오늘을 시작하는 나의 기분 말하기: 가볍게 출석 체크할 때 활용
- 어제 가장 어려웠던 과제와 이유: 과제 수행 정도나 상황을 추측하고 어려움을 겪는 학생들을 확인할 수 있음
- 나의 기분을 나타내는 다양한 말 찾기: 좋다, 싫다로만 자신의 감정을 표현하는 학생들에게 기분을 나타내는 다양한 어휘를

통해 자신을 표현하게 함

- 나의 기분을 주변 사물에 비유하기: 자신의 기분을 직접적으로 표현하기 어려울 때 주변 사물에 비유하게 하면 좀 더 쉽게 찾아낼 수 있음. 예: 나의 기분은 ○○이다. 왜냐하면 ~하기 때문이다.
- 요즘 나의 고민은?: '진로, 관계 맺기, 학업, 성적' 등 제시된 카테고리에서 고민거리 말하기(개별 상담으로 연계 가능)

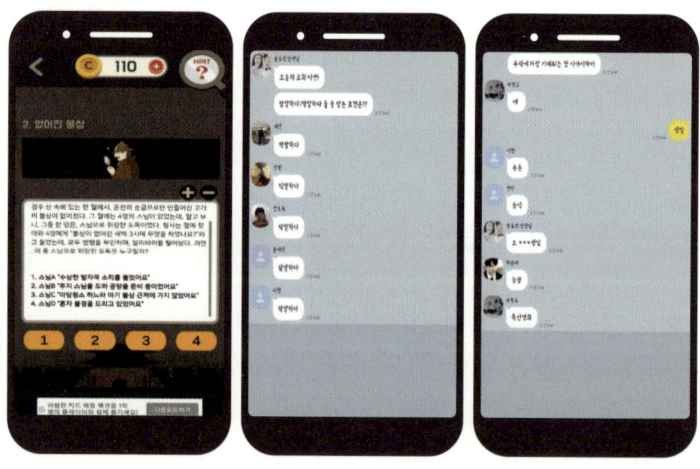

출석 미션을 할 때 미션의 종류나 상황에 따른 유의점이 있습니다. 간단한 퀴즈는 다른 친구의 대답과 겹치지 않게 하여 주의를 집중시키는 것이 좋습니다. 대답이 겹치면 다른 대답을 할 수 있도록 기회를 다시 부여합니다. 조금 복잡한 미션을 수행할 때는 출석 미션으로 스트레스 받지 않도록 다른 친구들의 답을 보고 유사하게 대답해도 허용해줍니다. 학생의 특성이나 상황에 따라 유연하게 대처할 것을 권합니다.

미션을 제시할 때의 몇 가지 팁을 알려드리겠습니다. 초성 퀴즈나 어휘 많이 말하기 등의 퀴즈에서는 학생들이 잘 사용하지 않는 어휘를 1~2개 정도 포함하여 말하게 하면 어휘력을 확장하는 데에 도움이 됩니다. 미션의 난이도를 올려 뜻까지 말하게 하거나 짧은 글 짓기 등을 미션으로 주어도 좋습니다. 인터넷 검색이 가능하다고 안내하면 평소 어휘력이 약한 학생들도 검색을 통해 잘 찾아내니 부담스럽지 않은 미션이 될 것입니다.

출석 미션에 보상을 더해도 학생들의 흥미나 참여 만족도를 높일 수 있습니다. 매번 보상이 어려우면 한 주씩 출석 미션을 훌륭하게 수행한 학생들에게 상점을 주어 매주 정산하여 보상하는 것도 반응이 좋습니다. 예를 들면 수행을 잘 완료한 학생, 창의적인 답변을 한 학생, 무언가를 표현하는 미션에서 가장 성의가 보이거나 멋지게 표현한 학생, 3번째, 16번째, 20번째와 같이 그날의 숫자를 정하여 n번째로 미션을 수행한 학생 등 다양한 학생들이 상점을 받을 수 있게 조정하면 모두가 적극적으로 참여하도록 동기를 부여할 수 있습니다.

출석 미션은 간단한 퀴즈 형태도 좋지만 학생들의 안부를 알 수 있는 미션이나 요즘 기분, 고민거리 등을 질문으로 제시하면 학생들의 근황을 알기도 좋고 대화나 상담으로 이어갈 수도 있습니다.

출석 확인을 단순히 이름을 부르는 것으로 끝내지 않고 매일 다른 미션이나 게임 요소를 섞어 진행하니 학생들이 즐겁게 참여하는 모습을 볼 수 있었습니다. 학생들의 머리를 깨우고 가슴을 열어주는 출석 미션을 통해 선생님의 하루도 기분 좋게 시작되길 바랍니다.

화면 공유 및 주석으로 필기하기

앞서 설정 창에서 [화면 공유] 기능을 활성화하면, 학생들에게 교사가 보여주고 싶은 화면을 공유하면서 수업할 수 있습니다. 미리 만들어 둔 PPT 화면을 공유할 수도 있고, 전자교과서를 공유하여 필기를 하며 수업을 진행할 수도 있습니다. 화면 공유를 모든 참가자가 할 수 있도록 설정해두면, 학생들도 자신이 만든 수업 자료를 공유하며 발표 수업을 진행할 수 있습니다.

[주석] 기능은 화면을 공유하며 필기를 할 수 있는 기능입니다. 밑줄을 칠 수도 있고, 중요한 내용에 표시를 할 수도 있고, 그림판처럼 자유롭게 필기가 가능하여 어떤 과목이든 활용하기에 좋은

기능입니다. 화면 공유를 할 때, 엉뚱한 화면이 나오는 것을 방지하기 위하여 핸드폰이나 다른 기기를 활용하여 접속을 해두고, 모니터링을 하며 수업을 진행하면 좋습니다.

○ [화면 공유] 버튼을 클릭합니다.

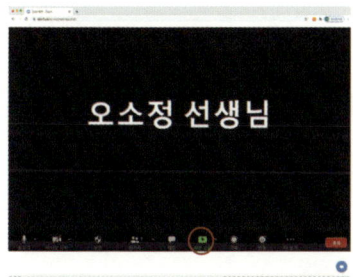

○ 원하는 화면(자료)을 클릭하여 화면을 공유합니다.

○ 교사에게 보이는 화면

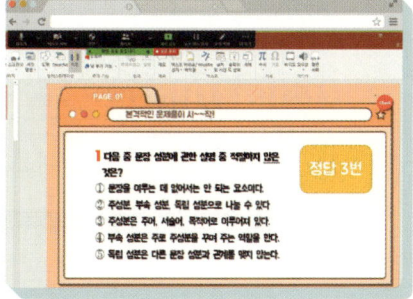

[주석] 기능을 사용하면, 자유롭게 필기가 가능합니다. [주석 작성] 버튼을 클릭하면 마우스로 선 긋기, 텍스트, 그리기, 스탬프, 지우기 등 다양한 필기 도구가 활성화됩니다. 마우스로 필기하는 것도 가능하지만, 펜 타블렛을 활용하면 훨씬 섬세하게 필기할 수 있습니다.

◉ [주석] 기능을 써서 필기했을 때 학생들에게 보이는 화면

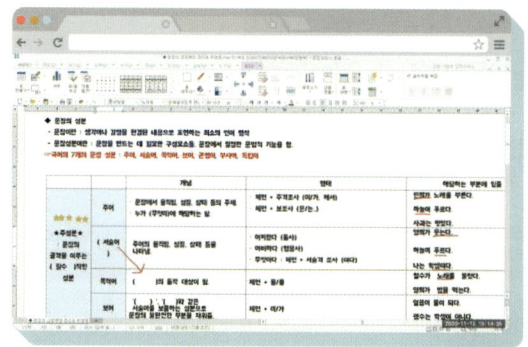

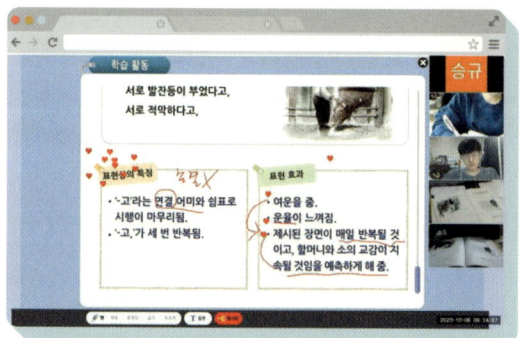

화면 녹화

하단에 있는 [기록] 버튼을 누르면, 그때부터 수업 화면이 녹화됩니다. [기록] 기능을 눌러 녹화된 동영상은 기본적으로 'zoom' 폴더에 저장되지만, 원하는 다른 위치에 저장할 수도 있습니다. 저장된 동영상을 편집하여 학생들에게 복습 자료로 제공할 수 있습니다.

- [기록] 버튼을 누르면, 수업 장면이 zoom 폴더에 동영상 파일로 저장됩니다.

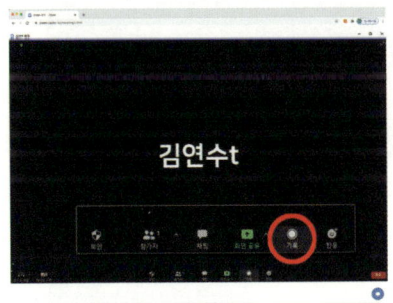

채팅

채팅 역시 저장이 가능합니다. 채팅창을 저장해서 학생들의 출결을 확인할 수 있습니다. 또한, 학생 간의 비공개 채팅은 막아놓

더라도 학생이 교사에게 보내는 비공개 채팅은 가능하므로 학생이 교사에게 질문을 하고 싶을 때 채팅을 활용해도 됩니다.

- 채팅창 하단 부분의 [⋯] 버튼을 누르고 [채팅 저장]을 선택하면 텍스트 형식 파일로 저장할 수 있어 출결 확인에도 활용이 가능합니다.

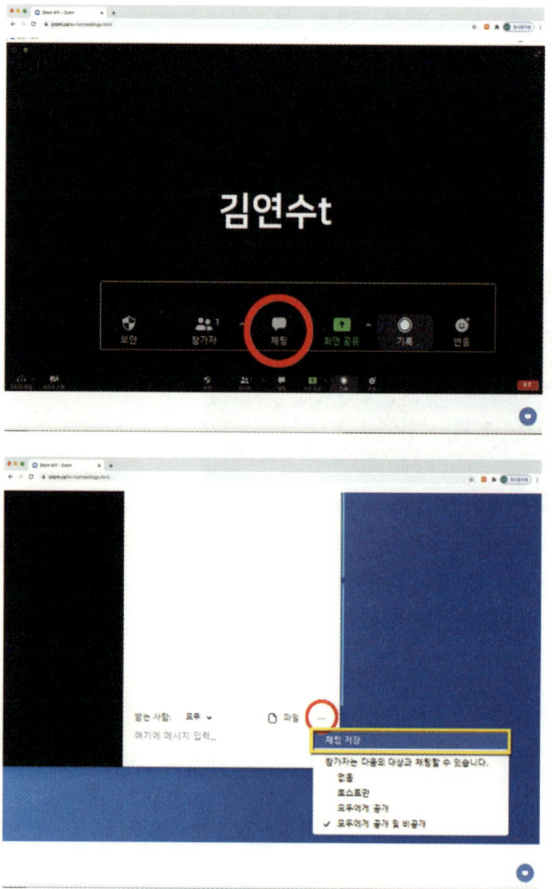

생각 나누기와 모둠 활동을 돕는 수업 도구

줌은 실시간 수업 자체가 아니라 수업을 하기 위한 통로입니다. 줌으로 학생들을 실시간 수업에서 만난다는 것은 대면 수업에 비유하자면 교실에 학생들이 다 모여 막 수업을 시작할 수 있는 상태가 된 것과 같습니다. 우리가 평소 수업에 어떤 내용을 담을지, 어떻게 수업 목표를 달성할지 고민하는 것처럼 줌과 같은 프로그램을 통해 어떻게 학생들을 만날 것인지에 대한 고민이 필요합니다.

우리는 수업 시간에 학생들의 생각을 묻고, 의견을 제시하게 하며, 학습지를 주고, 모둠 활동을 통해 협업하고, 그 내용을 정리해서 보고서를 작성하거나, 발표하게 합니다. 이러한 활동을 온라인 수업에서도 할 수 있게 해주는 프로그램을 알아두면 유용합니다. 프로그램별로 자세한 활동은 다음 장의 수업 사례 편에서 다루겠지만, 유용한 프로그램에 대해 간략히 설명하면 다음과 같습니다.

생각 나누기: 잼보드, 패들렛, 멘티미터

수업 시간에 배울 내용에 대해 교사가 질문을 던지고, 학생들이 자신의 생각과 의견을 제시하는 과정으로 수업을 진행하면 매우 유익하고 바람직한 시간이 될 것입니다. 이때 학생들이 주변의 눈치를 보지 않고, 자신의 의견을 자유롭게 제시할 수 있도록 해주어야 합니다. 상황에 따라서 누가, 어떤 내용을 작성하는지 다른 사람이 모르게 할 수 있기에 더욱 적극적인 참여를 이끌어낼 수 있습니다. 온라인 칠판처럼 실시간 수업 때 학생들의 의견을 수합하고 정리하기에 아주 좋은 프로그램을 몇 가지 소개합니다.

▷ **잼보드** Jamboard

잼보드는 자유롭게 자신의 의견을 제시할 수 있는 프로그램입니다. 무료인 데다 사용법이 굉장히 쉽고 사전에 정해진 틀(템플릿) 없이 자유롭게 작성할 수 있다는 장점이 있습니다. 구글 계정만 있으면 별도의 회원 가입 없이 구글 앱 아이콘에서 바로 실행시킬 수 있습니다. 선 긋기, 메모 작성하기, 그림 넣기, 도형 넣기, 글상자 넣기, 형광펜과 같은 기능이 있습니다. 잼보드를 활용해서 할 수 있는 활동으로는 특정 주제에 대한 자신의 생각 적기, 배운 내용 중 가장 중요한 내용 하나 넣기, 찬반 토론 하기, 본문 내용 영역별로 정리하기 등이 있습니다.

아쉬운 점은 서로 의견에 댓글 달기, 링크 걸기, 동영상 올리기와 같이 상호작용을 촉진시키는 기능이 없기 때문에 좀 더 짜임새 있는 활동을 구현하는 데 한계가 있다는 부분입니다.

▷ **패들렛** Padlet

패들렛은 잼보드와 비슷한 부분이 있지만 총 8개의 템플릿이 제공되기 때문에 활동에 따라 템플릿을 선택하여 학생들의 생각과 의견을 정리할 수 있습니다. 제공되는 템플릿은 수업 활동에 따라 파일 업로드, 링크 걸기, 구글에서 검색하기, 사진 찍어서 올리기, 동영상 찍어서 올리기, 음성 녹음해서 올리기, 화면 녹화해서 올리기 등 다양한 기능으로 나뉩니다. 친구들이 작성한 내용에 댓글, 좋아요, 별점 등을 달 수 있어 상호작용 활동을 이끌어낸다는 점도 장점입니다. 활동 종료 후에는 패들렛을 PDF, 그림 파일, 엑셀로 저장할 수 있습니다. 한 가지 아쉬운 점은 무료로 사용할 때는 한 계정당 쓸 수 있는 패들렛의 개수가 제한된다는 점입니다.

▷ **멘티미터** Mentimeter

멘티미터는 객관식, 투표, 의견 수합 기능을 제공하여 실시간으로 아주 깔끔하게 잘 정리해서 보여주는 사이트입니다. 회원 가입 및 사용 방법이 간단하고 시각적으로 매우 깔끔하다는 점이 돋보이며, 학생들이 제시한 의견을 바탕으로 질문을 던져서 상호작용을 이어갈 수도 있다는 점에서도 좋은 프로그램입니다. 학생들은 자신의 응답이 바로 보인다는 점에서 큰 흥미를 느낍니다. 다만 구성할 수 있는 활동의 개수가 제한되고 그 이상은 유료 계정으로 전환해야 사용 가능하다는 점은 유의해야 할 부분입니다.

실시간 학습지로 같이 공부하기

요즘 많이 사용되는 방식으로 학생들에게 수업 자료를 링크로 전달하고, 클릭해서 들어오면 교사가 수업의 주도권을 갖고 teacher-instructed 수업을 진행하게 됩니다. 우리 일반 교실 수업처럼 교사가 하나씩 순차적으로 수업 자료를 제시하고, 학생들과 응답을 주고받으며 피드백을 할 수 있습니다. 배울 내용을 활용한 여러 활동을 같이 묶을 수 있다는 것이 굉장히 큰 장점입니다. 니어팟 Nearpod 과 페어덱 Peardeck 은 학습 자료에 다양한 활동을 섞어서 실시간 또는 과제 제시형 수업으로 진행할 수 있는 유용한 프로그램입니다. 각 프로그램에 대한 자세한 설명은 4장에서 다룹니다.

모둠 활동

　실시간 수업이라는 틀 안에서 가장 시도하기 좋은 활동은 모둠끼리 토의, 토론, 문서 작성을 같이 해보는 것입니다. 이때 필요한 도구가 구글 공유 문서인데, 인터넷 주소만 있으면 누구든지 접속해서 같이 문서 작업을 할 수 있게 하는 협업 도구입니다.

　줌에 있는 소회의실 기능은 수업에 참여한 학생들을 임의 또는 사전에 설정한 모둠방(소회의실)으로 보내서 학생들이 모둠 활동을 할 수 있게 합니다. 학생들끼리 활동하다 도움이 필요하면 선생님을 호출할 수 있고, 선생님도 각 모둠방에 자유롭게 드나들면서 활동이 잘 진행되고 있나 확인할 수 있습니다. 이때 모둠장을 정해서 화면 공유를 한 후, 각자 구글 공유 문서로 접속해서 자신의 생각을 적으면 모둠원들이 동시에 보고서까지 작성할 수 있게 됩니다. 작업을 마친 후, 모든 학생이 있는 최초 줌 수업방에서 정리한 내용을 말하게 하면 발표 수업까지 이어서 할 수 있습니다.

02

새 학기 래포 형성에 도움되는 온라인 활동

새 학년, 새 학기 아이들과의 첫 만남, 첫 수업은 1년간의 수업에 가장 큰 영향을 미칠 수 있기 때문에 특별히 신경을 써서 준비할 필요가 있습니다. 이날의 좋은 느낌과 인상으로 학생들과의 관계 형성이 잘 이루어진다면 1년 동안 수업을 즐겁게, 소통하며 동행할 수 있을 것입니다. 학생들과의 래포 형성은 수업을 시작하는 데 가장 중요합니다.

하지만 온라인상에서는 긴장감과 낯섦으로 인해 분위기가 얼어붙기 일쑤라서 이를 깨뜨리고 친밀함을 이끌어내기가 어렵습니다. 첫 시간, 첫 만남 때 학생들의 참여를 이끌어내고, 이를 통해 서로 웃고 친해질 수 있는 몇 가지 간단한 게임 활동을 소개하고자 합니다.

◼ '화면 속의 외침 게임'

수업 형태	• 콘텐츠 활용 수업 • 과제 수행 중심 수업 • 실시간 쌍방향 수업	활동 유형	• 개인 활동 • 모둠 활동
활동 도구	• 콘텐츠 활용 및 과제 수행 중심 수업: 교사의 사전 녹화 영상 • 실시간 쌍방향 수업: 준비물 없음		

　이 게임은 교사가 특정 단어를 발음하는 무음성 영상을 보고 과연 무엇을 발음하였는지 추측해서 맞히는 활동입니다. 교사와 관련 있는 내용이나 교과 내용을 문제로 제시하고, '정답 확인'과 함께 간단하게 선생님 소개 또는 정답과 관련된 설명을 합니다. 교실 TV 또는 각 가정의 모니터 화면에서 진행할 수 있습니다.

　예능 프로그램에서도 자주 등장하는 게임으로, 학생들의 흥미도와 관심도, 친밀도를 높이는 데 도움이 됩니다. 이 활동을 통해 교사와 학생들이 서로 친밀감을 느끼게 되고, 퀴즈 활동 자체를 통하여 수업 참여를 이끌어낼 수 있습니다.

　활동을 위해 준비할 것들은 다음과 같습니다. 콘텐츠 및 과제 수행 중심의 활동일 경우에는 교사와 관련 있거나 교과와 관련된 단어 혹은 문장을 선별한 후 그것을 그대로 읽는 모습을 영상으로 촬영합니다. 예를 들어, 교사와 관련 있는 내용으로 이름, 경력, 취미, 교무실 위치, 가치관 등을 입모양으로 보여주고 맞히면 이와 관련된 설명을 하는 방식입니다. 촬영 이후에는 무비메이커나 곰믹스 등 영상편집 프로그램을 이용하여 음성 부분만 삭제하고 인코딩합니다. 그리고 완성된 결과물을 학생들에게 제시하면 됩니다.

○ 윈도우10에서 제공하는 '비디오 편집기'에서 영상을 불러온 후 빨간 박스가 있는 부분에서 볼륨을 조정하여 음소거를 할 수 있습니다.

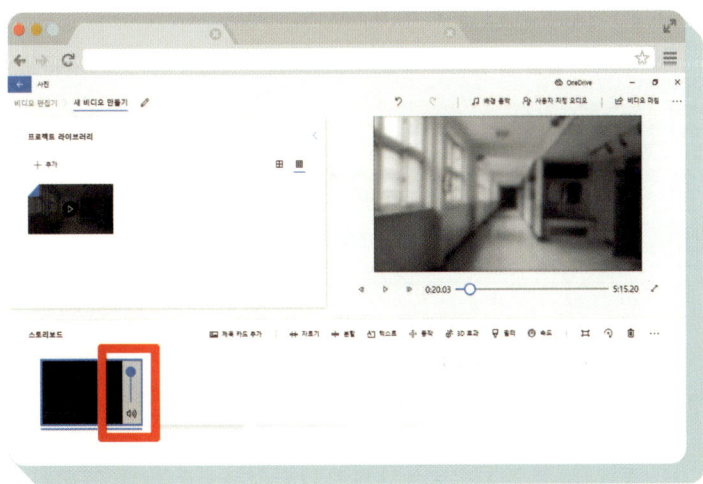

○ 윈도우7일 경우 무비메이커movie maker 프로그램에서 영상을 불러온 다음 [편집] 탭을 클릭하고, [비디오 볼륨]을 선택합니다.

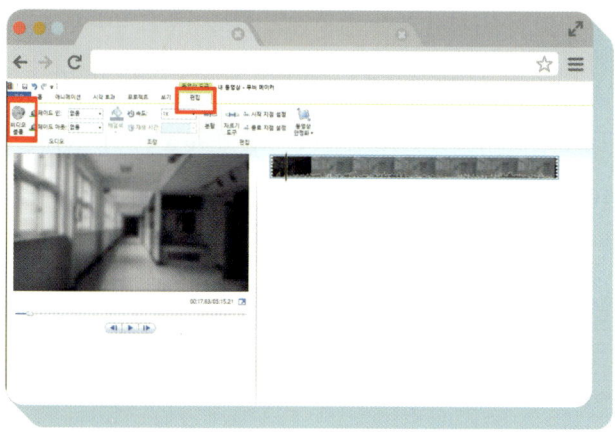

○ [비디오 볼륨]을 클릭한 후 소리 조절바를 왼쪽으로 끌어당겨서 음소거를 할 수 있습니다.

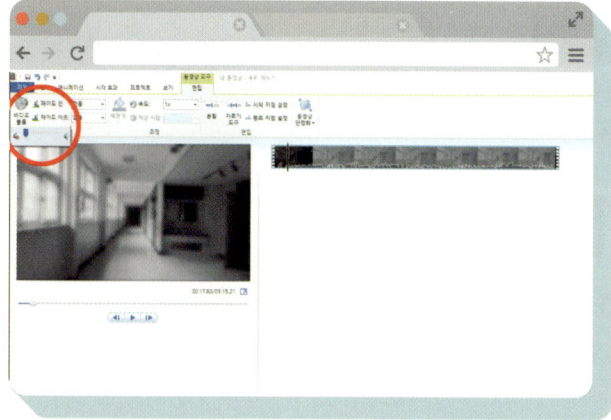

실시간 화상 수업일 경우에는 방법이 매우 간단합니다. 미리 정한 문장을 아이들에게 그대로 읽어주기만 하면 됩니다. 다만 이때, 교사는 [음소거]를 하여 학생들은 교사의 입 모양만 볼 수 있게 해야 합니다. 학생들은 교사의 입 모양을 자세히 관찰하고 어떤 단어인지 손을 들어 말하거나 채팅창에 작성하여 정답을 맞힙니다.

화면 속의 외침 게임을 할 때는 규칙을 사전에 잘 안내합니다. 예를 들어 연속으로 정답 발언하지 않기, 손 들고 나서 발표하기, 본인의 학번을 빨리 말한 순서대로 하기 등 소수의 학생이 발언을 독점하지 않고 학급의 학생들 전체적으로 모두가 참여할 수 있도록 규칙을 만들면 좋습니다.

이러한 게임 규칙은 온라인 수업 시간의 규칙과도 연결됩니다. 발표 순서 및 정답 발언 기회를 얻는 방법 등 온라인 수업 시간에 필요한 규칙을 자연스럽게 익힐 수 있습니다.

정답 확인 이후에는 정답과 관련 있는 교사의 소개 또는 교과와 관련된 내용의 소개, 1년 동안 함께 지켜야 할 수업 규칙 등을 다시 한번 정리하고 다음 문제로 넘어가면 효과적입니다.

각종 예능 프로그램에서 자주 등장하여 학생들에게도 익숙한 게임이고, 관찰을 통한 퀴즈이기 때문에 모두가 부담 없이 참여할 수 있는 활동입니다.

〔관련 영상: https://youtu.be/4VnEUYP4j54〕

누구나 재미있게 참여하는 '초성 게임'

수업 형태	• 콘텐츠 활용 수업 • 과제 수행 중심 수업 • 실시간 쌍방향 수업	활동 유형	• 개인 활동
활동 도구	• 파워포인트 슬라이드 등		

　선생님과 학생 그리고 아이들 서로 간의 래포가 형성되기 전까지 학교 교실에서는 시로 눈치를 보는 성향이 있기 때문에 수업 시간 발표에도 소극적인 태도를 보일 수밖에 없습니다. 온라인 수업도 마찬가지입니다. 어색하고 긴장된 분위기가 이어지다 보면 수업 참여에도 점점 더 소극적이게 됩니다. 초성 게임은 이러한 어색함을 깨고 친밀감을 느끼게 도와주는, 매우 간단하면서도 재미있는 게임입니다. 교사와 학생, 학생과 학생, 나아가 학급 전체 친밀도를 높일 수 있고, 수업의 참여도를 높일 수 있습니다.

　초성 게임은 교사가 화면이나 칠판에 제시하는 초성을 보고 그것이 무엇인지 정답을 맞히는 활동입니다. 대중매체에서도 자주 등장하고 학생들도 자주 해온 게임이라 쉽고 빠르게 학생들의 흥미와 관심을 끌 수 있습니다. 오리엔테이션을 하는 첫 시간이라면 교사와 관련 있는 내용을 초성 퀴즈로 제시합니다. 정답을 추측하고 확인하는 과정을 통해 래포를 형성할 수 있습니다. 또한 첫 수업의 시작 단계에서 교과와 관련한 내용을 문제로 제시하며 집중을 만들어낼 수 있고, 나아가 학습 내용 확인과 복습 과정에도 효과적입니다.

학생들은 본인의 발표 내용이 오답일 수도 있다는 두려움과 틀렸을 때의 창피함으로 인하여 발표를 하지 않으려는 성향이 있습니다. 하지만 초성 퀴즈는 자음이 제공되기 때문에 학생들이 부담을 덜 느끼는 데다, 정답에 가깝게 생각하게 하고, 다시 한번 더 정답이 맞는지 확인할 수 있게 사고의 발판 및 디딤 역할을 해주기 때문에 학생들의 참여와 발표를 좀 더 잘 이끌어낼 수 있는 장점이 있습니다. 학생들이 실수 혹은 웃긴 오답을 발표해도 좋습니다. 모두 함께 웃으며 긴장을 완화할 수 있고, 오답과 관련해서 다양한 이야기를 해줄 수 있는 계기가 되기 때문입니다.

활동 준비는 파워포인트 슬라이드 또는 필기할 수 있는 도구만 있으면 됩니다. 문서 파일이나 파워포인트 슬라이드 등에 문제로 제시할 초성을 미리 작성하여 준비해도 되며, 교사가 실시간으로 초성을 타자로 입력하거나 필기를 하며 문제로 제시해도 됩니다.

예시:
ㅇㅊ ㅁㅅㅅ (이층 미술실) / ㅍㅌㅍㄹㅇ (포트폴리오) / ㅊㅅㄱ (초상권)

게임을 효과적으로 진행하려면 발언 회수 제한 등 활동 규칙을 정하는 것이 좋습니다. 예를 들어 정답 발언의 기회는 2번까지, 본인의 이름을 빨리 말한 순서대로 발표하기 등 소수의 학생이 발언을 독점하지 않도록 활동 규칙을 정합니다.

또한 학생들이 반드시 정답만을 발언해야 한다는 부담감 없이 편안하게 대답할 수 있도록 환경을 조성해주는 것도 필요합니다. 이를 위해 교사는 기발한 오답을 발표한 학생이나 재치 넘치는 오답을 발표한 학생들에게도 칭찬을 하거나 강화물을 제시해줍니다. 교사와 학생 모두 좀 더 가까워지고 함께 웃을 수 있는 시간이 될 것입니다.

정답을 확인한 이후에는 정답과 관련 있는 내용(교사 소개, 교과 내용, 수업 규칙 등)을 다시 한번 정리하는 시간을 갖고 다음 문제로 넘어갑니다.

많은 학생들이 온라인 수업에서 가장 기억에 남고 재미있었던 활동으로 손꼽은 게임이라 자신 있게 추천드립니다.

◼ 집중력을 높이는 '겹침 사진 게임'

수업 형태	• 콘텐츠 활용 수업 • 실시간 쌍방향 수업	활동 유형	• 개인 활동 • 모둠 활동
활동 도구	• 합성된 이미지, 파워포인트, 포토샵 등		

    이 활동은 편집을 통하여 제작된 겹침 사진 안에 무엇이(또는 누가) 있는지 맞혀보는 방식이며 순간적으로 아이들의 집중력과 참여도를 끌어낼 수 있습니다. 수업 도입 단계나 학기 초 간단한 퀴즈 게임으로 활용할 수 있으며 서먹하고 다소 얼어 있는 관계를 깨는 데 도움이 되는 아이스 브레이킹 활동으로도 유용합니다. 수업 중 자투리 시간이나 기타 학급 활동 시간에도 즐겁게 진행할 수 있습니다. 간단하지만 제법 난이도가 있는 퀴즈 활동을 진행함으로써 수업에 적극 참여하는 분위기를 만들거나 동기부여 및 기회를 제공하고자 할 때 진행해도 좋은 활동입니다.

    간단히 소개하면 다음과 같습니다. 여러 사진이 하나로 겹쳐진 이미지를 보고 학생들은 겹쳐진 사진 속에 있는 모든 인물 또는 사물을 맞힙니다. 반드시 사진 이미지를 사용하지 않아도 되며 단어를 겹쳐 놓아 하나의 이미지로 제작하여 진행할 수도 있습니다.

교사는 활동에 앞서 미리 겹쳐진 합성 이미지를 준비해야 하는데, 파워포인트 프로그램을 이용하면 쉽게 만들 수 있습니다. 물론 포토샵 같은 전문 그래픽 프로그램을 이용하여 합성이미지를 제작할 수도 있습니다. 하지만 파워포인트로도 충분히 쉽고 간단하게 완성 할 수 있습니다.

사진의 투명도를 직접 조정하는 방법은 파워포인트에는 없습니다. 대신 파워포인트 내 [도형 서식]을 활용하면 가능합니다. 다음 순서대로 따라 하시면 겹침 합성사진을 제작할 수 있습니다.

① 파워포인트 프로그램 내 [삽입] – [표] 또는 [도형]을 선택

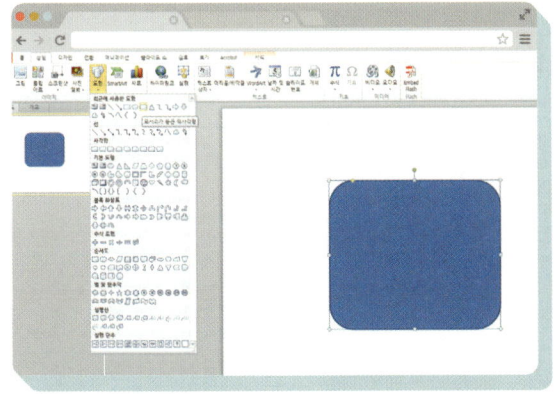

② 삽입된 도형에서 마우스 오른쪽을 클릭하여 [도형 서식] 선택

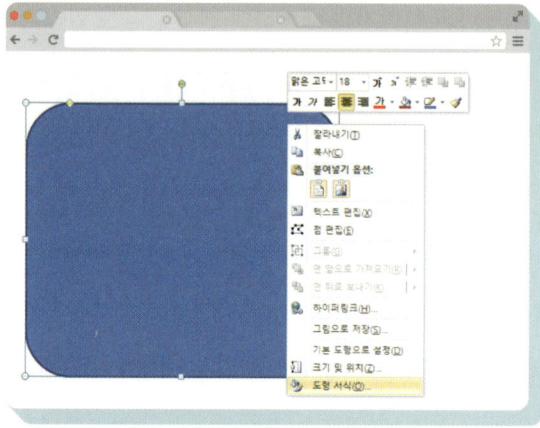

③ 그림과 같이 그림 서식의 [채우기] 선택 → [그림 또는 질감 채우기] 선택

→ [파일]을 선택하고 클릭

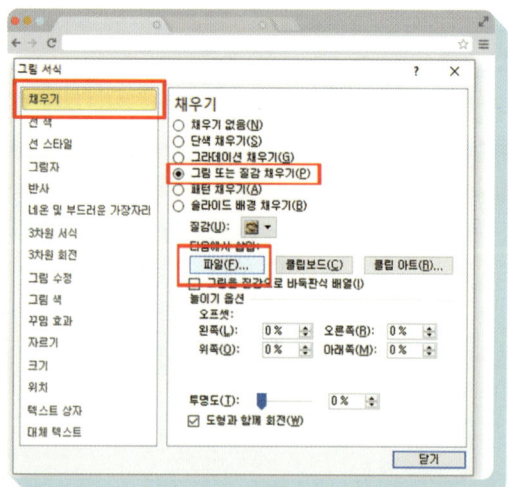

④ 겹침 합성사진으로 사용할 이미지가 저장된 폴더 및 파일을 선택

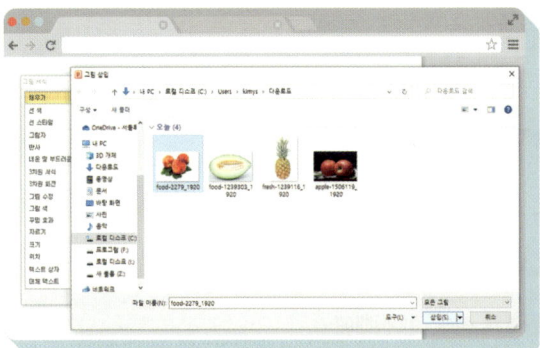

⑤ 도형 안에 이미지가 채워진 모습

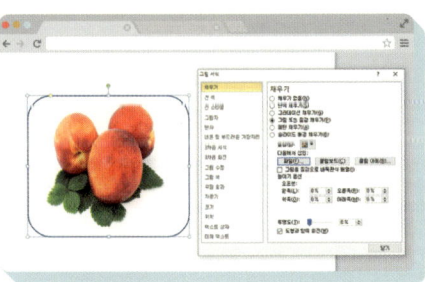

⑥ 그림의 빨간 박스가 표시된 [투명도] 부분에서 이미지의 투명도를 조정

(투명도는 0부터 100까지 조정 가능하며 숫자가 높을수록 투명해짐)

⑦ 위의 이미지보다 투명도 숫자를 높게 입력하여 투명 정도가 더 높게 적용된 상태

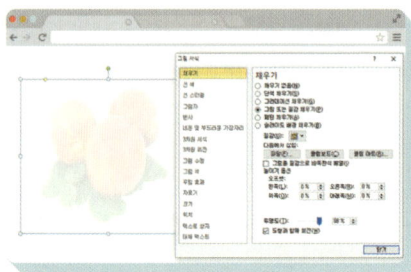

⑧ 투명도를 적용하여 이미지 편집이 완료된 상태. 이 상태에서 같은 방식으로 이미지를 편집하여 겹침 이미지를 제작

⑨ 2개의 이미지가 겹쳐서 편집된 상태의 이미지

⑩ 최종적으로 이미지 편집을 완료한 상태

⑪ 편집한 이미지를 완전한 하나의 파일로 만들기 위해서 [파일] – [다른 이름으로 저장]을 클릭

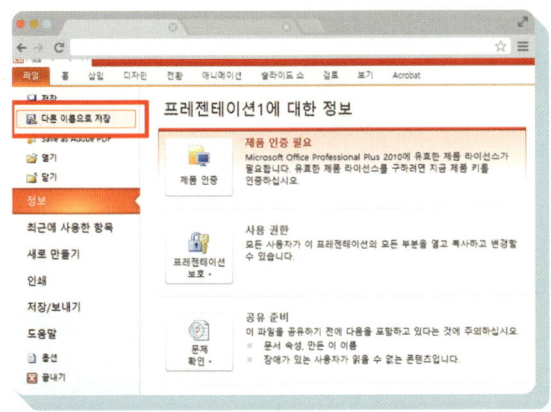

⑫ 이미지를 저장할 경로와 파일 이름을 전하고, 아래 파일 형식에서 'JPEG 파일 교환 형식'을 클릭하여 저장

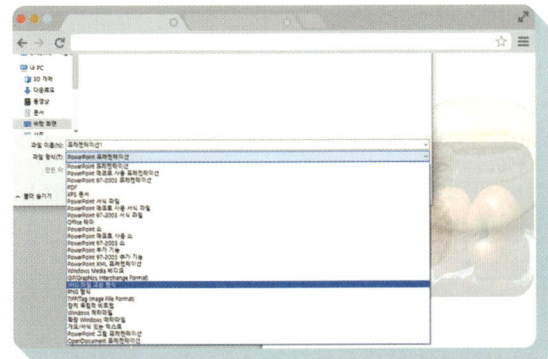

○ 인물 겹침 사진의 예

　이 활동을 진행할 때 몇 가지 유의해야 할 점이 있습니다. 교실이나 수업공간이 아닌 곳에서 활동을 진행할 경우 문제에 쓰인 사진 중 인물과 관련해서는 초상권 문제가 발생할 수 있습니다. 따라서 유명인의 사진을 사용할 경우에는 반드시 수업공간에서만 공유되어야 합니다. 학생들과의 퀴즈 활동 장면을 녹화하여 개별적으로 업로드하고, 공유를 할 경우 발생할 수 있는 초상권 문제는 꼭 유의하셔야 합니다. 수업 시간과 수업공간 외에는 늘 초상권과 관련하여 다시 한번 확인하는 것이 필요합니다.

　간단한 활동이지만 대부분의 학생들이 흥미로워하였고 모두 정답을 찾고자 열심히 참여하는 태도를 보였습니다. 이 활동 역시 소수의 학생이 발언 기회를 독점하는 것을 막기 위해 활동 규칙을 사전에 안내하고 진행하면 효과적입니다.

◼ '겹침 글자 게임'으로 수업 내용 복습하기

수업 형태	• 실시간 쌍방향 수업	활동 유형	• 개인 활동
활동 도구	• 파워포인트		

글자의 자간을 조정하여 겹쳐진 글자를 맞히는 간단한 퀴즈로, 수업 시작할 때 지난 차시 수업 내용을 확인하고 복습하는 데 효과적인 활동입니다. 아이들은 정답을 맞히거나 유추함으로써 내용을 상기하게 되고 이런 과정을 통해 자연스럽게 이전 차시 수업의 내용을 다시 한번 확인하고 복습할 수 있게 됩니다.

겹침 글자는 파워포인트 프로그램을 이용하여 글자의 자간을 좁게 조정해 만듭니다. 여러 글자가 매우 가까이 겹쳐짐으로써 글자는 하나의 형상으로 보이게 되고, 학생들은 그 글자를 유추하여 정답을 맞힙니다. 이때 제시되는 글자는 이전 차시 수업에서 다룬 내용 중에서 핵심적이거나 중요한 키워드, 단어를 선별하여 활용하도록 합니다. 학생들은 이전 수업에서 배운 내용을 다시 떠올리거나 찾아보면서 정답을 유추합니다.

자간의 입력값을 조정하여 글자의 형상을 더 감추거나 드러나게 할 수 있습니다. 학생들이 정답을 유추하는 것을 많이 어려워할 수도 있기 때문에 교사는 자간 값이 조정된 글자를 단계적으로 제시하면 좋습니다. 복습과 함께 수업 초반 학생들의 집중력을 끌어내기에도 효과적인 활동입니다.

파워포인트 빈 화면에서 문자를 입력한 후 [문자 간격] → [기타 간격] → [문자 간격 탭에서의 간격을 좁게 클릭] → 값을 입력(값이 높을수록 글자의 겹침이 강해짐) → [확인] 순서대로 따라 하면 누구나 쉽게 겹침 글자를 만들 수 있습니다. 구체적인 제작 방법은 다음과 같습니다.

① 슬라이드에 문자를 입력

② 메뉴 중에서 [문자 간격]을 선택

③ 문자 간격에서 [기타 간격]을 선택

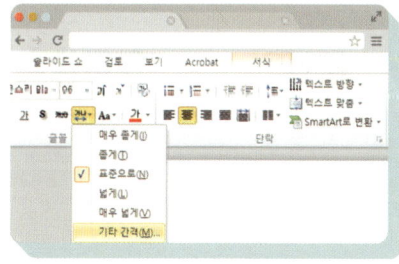

④ 창에서 간격을 [좁게]로 선택

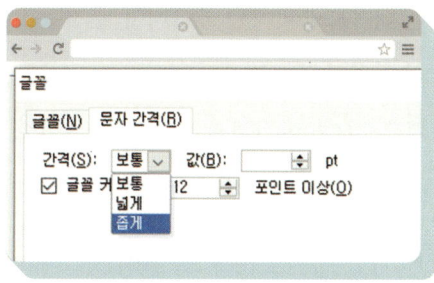

⑤ 값에 숫자를 입력(숫자를 높게 작성할수록 글자 간격은 좁아지며 낮게 작성하면 글자 간격은 벌어짐)

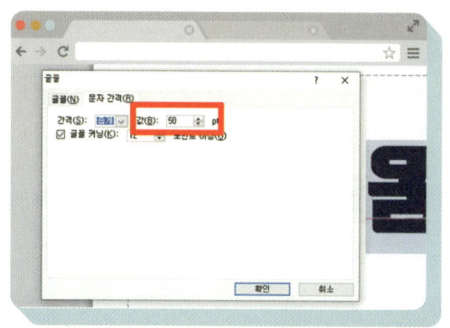

간격 값 좁게 50   간격 값 좁게 35   간격 값 표준

　위와 같이 높은 값을 입력하여 글자가 많이 겹처진 화면부터 보통 수준으로 글자 간격이 작성된 화면까지 대략 3~5단계의 난이도별로 제시할 수 있는 화면을 준비하면 좋습니다. 글자 폰트에 따라 입력값의 효과, 글자 간격의 차이는 달라집니다.

　단순히 퀴즈 게임 활동으로만 마치지 않고, 정답 발표와 함께 관련 내용을 학생들에게 다시 한번 설명 혹은 추가 질문하며 진행하면 더욱 효과적인 활동이 될 수 있습니다. 활동 이후에는 학생들의 높아진 집중력과 분위기를 그대로 이어서 본 교과수업으로 연계하여 진행하면 좋습니다.

학생들은 정말 간단한 활동이었지만 긴장을 풀고, 서로 즐겁게 수업을 시작할 수 있으며 집중할 수 있는 계기가 되었다는 의견이 많았습니다.

◼ '벽돌 깨기 게임'으로 수업 내용 살펴보기 ▬

수업 형태	• 실시간 쌍방향 수업	활동 유형	• 개인 활동
활동 도구	• 파워포인트		

　벽돌 모양의 이미지 뒤에 가려진 글자나 그림을 맞히는 퀴즈 활동으로, 학생들의 호기심을 유발하고 수업 내용을 살펴보는 데 도움이 되는 게임입니다. 감춰진 글자나 작품을 추리하는 활동을 통하여 당일 수업의 내용이나 관련 내용들을 살펴볼 수 있습니다.

　수업에 앞서 파워포인트 프로그램을 이용하여 글자 혹은 이미지를 입력한 후 벽돌 모양의 이미지로 그 위를 덮어 가립니다. 가려진 글자 혹은 그림을 제시하고 그것이 무엇인지 맞혀보게 합니다. 아이들은 벽돌 모양 사이로 보이는 글자나 그림을 추리하여 정답을 맞힙니다.

　쉽게 답을 맞히지 못하면 교사가 벽돌 이미지를 하나씩 삭제함으로써 단계별 힌트를 제공할 수 있으며 아이들은 벽돌이 하나씩 제거되면서 서서히 드러나는 형상을 보고 정답에 가까이 다가가게 됩니다. 정답을 확인하는 단계에서 교사는 퀴즈에 제시된 문제 내용과 관련 학습 내용 또는 문제로 제시한 이유를 설명하고 본 수업을 진행합니다.

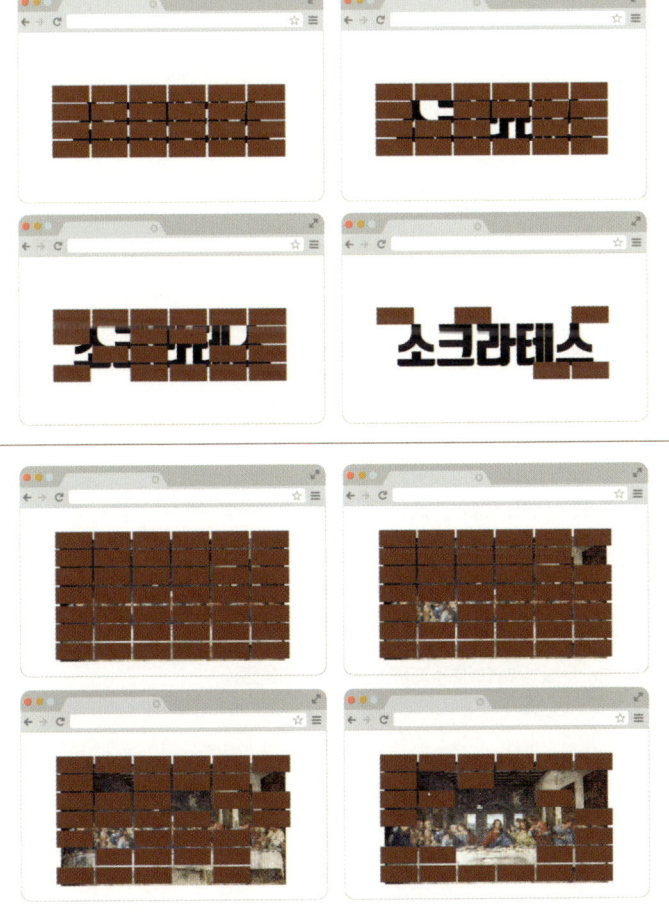

새학기 래포 형성에 도움되는 온라인 활동

게임 준비를 위해 먼저 교사는 진행할 수업 내용에서 핵심적이거나 중요한 단어 또는 관련 이미지를 고릅니다. 파워포인트 프로그램에서 위의 내용을 입력 혹은 삽입한 후, 그 위에 벽돌 이미지를 여러 개 복사하여 붙여넣기 하며 채웁니다. 이때 벽돌 모양의 이미지는 파워포인트의 기본 도형인 직사각형을 직접 삽입해 만듭니다. 복수 선택하여 복사하기를 진행하면 조금 더 빠르게 작업을 진행할 수 있습니다.

 TIP

> 활동이 종료된 이후 벽돌 이미지가 삭제된 상태에서 저장하게 되면 다음 활동 때 처음부터 벽돌 이미지를 복사하고 붙여넣기 하여 제작해야 하는 번거로움이 발생할 수 있습니다. 따라서 원본 파일의 사본을 바탕화면 등에 미리 복사한 후 그 파일을 이용하면 편리합니다.

파워포인트의 [삽입] 탭을 클릭한 후 [도형]에서 '직사각형'을 선택하여 벽돌을 제작합니다.

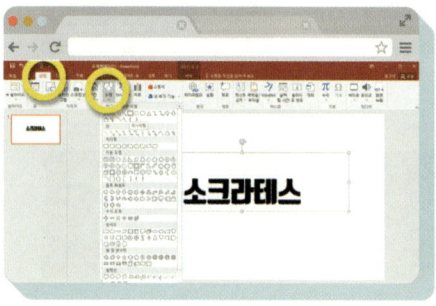

개체 클릭 후, [컨트롤(Ctrl)] 키를 누르고 마우스로 드래그하면 쉽게 복사할 수 있습니다. 여러 개체를 복수 선택한 후 복사하기를 하면 한 번에 여러 개가 복사됩니다. 글자가 하나도 보이지 않으면 학생들이 답을 유추할 수 없으니 반드시 벽돌과 벽돌 사이에 틈을 만들어 배치하도록 합니다.

정답 확인과 함께 글 혹은 이미지를 퀴즈로 제시한 이유, 정답이 본 차시 수업에서 어떤 연관성이 있는지를 설명한 후 수업을 진행하면 더욱 효과적으로 교과 연계 활동을 할 수 있습니다.

◼ 집중과 참여를 끌어내는 '겹침 소리 게임'

수업 형태	• 콘텐츠 활용 수업	활동 유형	• 개인 활동 • 모둠 활동
활동 도구	• 녹음 관련 프로그램		

　음악이나 소리를 듣고, 그 안에 어떤 것들이 녹음되었는지 맞혀 보는 활동입니다. 여러 가지 소리 혹은 음악이 동시에 겹쳐져서 한 번에 들리기 때문에 학생들은 집중하여 답을 찾으려고 합니다. 이 활동을 통하여 아이들의 집중력과 참여도를 순간적으로 끌어낼 수 있어서 수업의 도입 단계나 아이들에게 주의 집중 단계가 필요한 경우에 유용하게 활용할 수 있습니다. 또한 오프라인에서 학급야영과 같은 학급 활동 시간에도 즐겁게 사용할 수 있는 활동입니다.

　활동 준비를 위해 교사는 먼저 데스크탑이나 노트북에 음성을 녹음할 수 있는 프로그램을 설치합니다. 인터넷에 접속하여 포털 사이트에서 '녹음 프로그램'으로 검색하면 쉽게 무료 프로그램을 다운로드하여 설치하실 수 있습니다. 설치 후에는 활동 문제로 제시할 소리를 준비합니다.

  음악을 포함하여 각종 문제로 제시하고자 하는 소리(음성)를 인터넷에서 찾았다면 각각의 소리를 재생할 수 있는 웹 브라우저를 아래 그림과 같이 동시에 열어주고, 해당 소리를 각각 재생하면 됩니다. 동시에 소리가 잘 나오는지, 소리의 크기 조절 및 밸런스가 적절한지 등의 상태를 확인하고 앞서 설치한 녹음기 프로그램을 이용하여 소리를 녹음하면 됩니다.

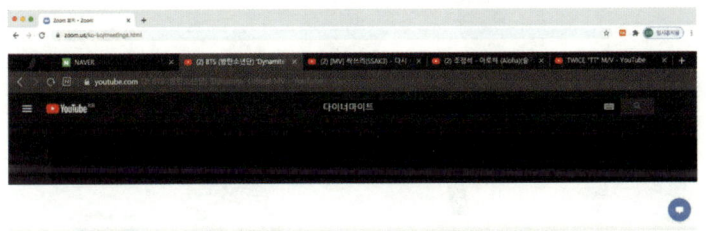

  선생님의 목소리로 직접 음성을 녹음하여 겹침 소리를 제작하고 싶은 경우에는 윈도우 프로그램에서 녹음기를 사용합니다. 먼저 선생님의 육성을 녹음하여 파일을 생성합니다. 그 이후 생성된 녹음 파일들을 각기 다른 음악 재생 프로그램을 사용하여 재생합니다. 이때 반복재생을 계속해주면 겹침 소리를 녹음할 때 편합니다. 이후 제작과정은 위와 동일합니다. 소리의 재생 확인을 거친 후, 녹음기 프로그램을 이용하여 한 번에 겹쳐서 재생되고 있는 소리를 녹음하면 됩니다.

03

온라인 수업 실천 사례

온라인 수업은 오프라인 수업과 동떨어진 것이 아닙니다. 온라인 수업에서도 쌍방향으로 개인 활동 및 모둠 활동을 통해 학생들의 참여도를 높일 수 있습니다. 수업 초반부에 하면 좋은 프로그램과 상호작용 및 학습력 제고에 역점을 둔 온라인 수업 활동, 많은 선생님들이 어려움을 겪는 과제 피드백과 온라인 수업 중 평가 방법 및 사례를 중점적으로 살펴봅니다. 또한 온라인으로 생각을 나누고 함께 실시간 학습지를 풀며 모둠 활동을 할 수 있게 도와주는 수업 도구들도 소개합니다.

아이들과의 첫 만남, 첫 수업

첫 수업은 선생님의 교육철학과 소신 그리고 수업의 방향과 지향점 전달, 관계 형성 등 1년의 수업 중에서 어쩌면 가장 중요하고, 아이들에게 큰 영향을 미칠 수 있는 시간입니다. 그러나 처음 만나는 아이들은 새 학년의 설렘과 긴장 속에서 잔뜩 얼어 있기 마련입니다. 온라인 수업도 마찬가지입니다. 서로 얼굴을 보지 못하고, 이야기도 쉽게 나눌 수 없는 상황 속에서 수업이 진행된다면 다들 얼마나 부담되고 어색할까요?

수업은 교사와 학생들이 맺은 관계를 통해서 배움으로 나아가는 시간입니다. 처음부터 바로 진도를 나가기보다는 학생과 교사가 편하게 대화를 나누고, 학생들끼리 어색함도 덜어내는 활동을 시도해보는 것은 어떨까요? 교사와 학생 간 서로 한 걸음씩 더 가까워질 수도 있고, 교과목을 전체적으로 한번 훑어볼 수 있는 활동들을 제안합니다.

🎯 교과서 속 숨은 그림, 단어, 문구 찾기

수업 형태	• 콘텐츠 활용 수업 • 과제 수행 중심 수업 • 실시간 쌍방향 수업	활동 유형	• 개인 활동
활동 도구	• 교과서, 필기도구		

    이 수업 활동의 목표는 교과서와 친해지는 것입니다. 학생들이 교과서를 전반적으로 훑어보면서 글과 각종 이미지, 교과서에 실린 여러 작품을 감상할 수밖에 없는 상황을 만들어줍니다. 교과서를 읽고 찾는 활동을 통해서 학생들은 앞으로 1년 동안 사용할 교과서와 친해지는 기회를 갖게 됩니다. 이 활동을 진행하기 위해서는 교과서가 학생들에게 미리 배부되어 있어야 합니다.

    수업 전에 교사는 미리 교과서에서 실려 있는 내용 중 그림이나 단어, 문구 등을 선별합니다. 이때 선별기준은 학생들에게 흥미가 있거나 이와 관련해서 이야기할 수 있는 것들 혹은 교과에서 중요한 내용 중에서 학생들이 꼭 알았으면 하는 것들로 정합니다.

    선별한 내용을 파워포인트 프로그램과 같은 슬라이드 화면에 작성하여 준비한 뒤, 수업 시간에는 작성된 슬라이드를 하나씩 학생들에게 제시합니다(예시: 모나리자, 모빌, 석굴암 등). 이후 제시한 것을 숨은 그림 찾듯이 교과서 속에서 찾아보게 합니다. 학생들은 교사가 제시한 글 혹은 이미지를 보고, 교과서에서 해당하는 페이지를 찾아 해당 페이지나 작품명 등의 정답을 작성하여 제출하거나 발표합니다.

교사는 교과서에서 미리 선별할 만한 작품 혹은 문구, 단어 등을 파워포인트와 같은 슬라이드에 미리 작성하여 준비하기만 하면 되며, 학생들 역시 별도의 준비물 없이 교과서와 필기도구만 가지고 수업에 참여할 수 있으므로 부담이 없습니다. 교사가 제시한 화면의 문제를 보고 교과서에서 해당하는 답안을 찾아 별도의 메모장에 작성한 뒤 최종 답안을 정리하여 과제로 제출할 수도 있습니다. 화상 수업에서는 직접 손을 들어 발표하거나 채팅창을 활용하여 답을 표현할 수 있습니다.

활동 이후에는 국어, 영어, 사회, 과학, 미술 등 해당 교과목에서 다시 한번 교과서를 살펴보며 다음 주제로 활동을 이어갈 수 있습니다. 예를 들어 교과서 속에서 '나의 상황 나의 성격'과 가장 비슷하다고 생각하는 작품이나 이미지를 찾아 간단하게 드로잉으로 표현한 후, 이유와 함께 간단하게 본인을 소개하는 시간으로 연계하여 진행하는 것입니다.

첫 수업 시간에 이 활동을 통해 학생들을 간단하게 수업에 모두 참여시킬 수 있었으며, 한번 정답을 찾는 활동을 시작하게 되면 마지막까지 문제에 대한 답을 찾고 싶은 욕구가 생긴다는 학생들의 반응을 확인하였습니다. 또한 그리기 활동의 결과물을 함께 감상하면서, 같은 작품을 가지고도 서로 다르게 보고, 해석하고, 각자 생각한 이유를 확인하는 과정을 통해서 타인의 생각이 저마다 다름을 확인할 수 있었고 이 시간을 통해 서로 이해하며 공감할 수 있었다는 반응도 들려주었습니다.

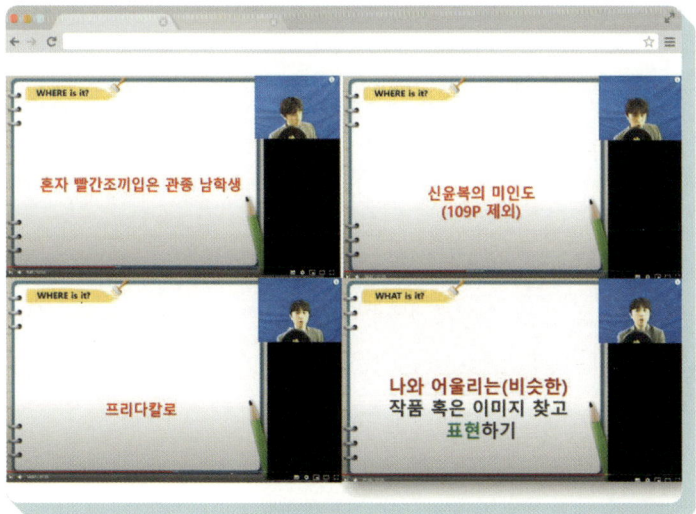

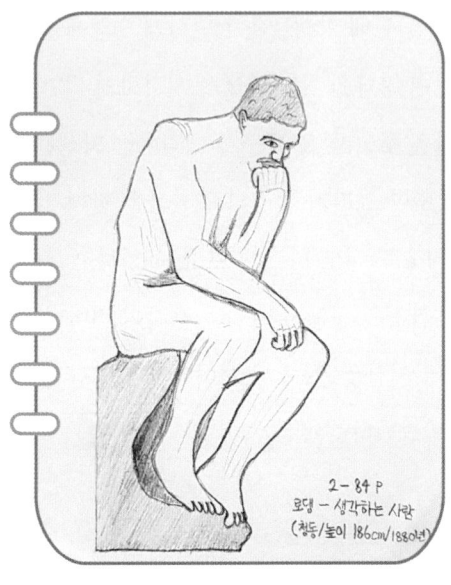

내가 평소 고민하고 생각하는 걸 많이 하는데 그런 면이 비슷해서 작품을 선택하고 표현했습니다.

2-84 P
로댕 - 생각하는 사람
(청동/높이 186cm/1880년)

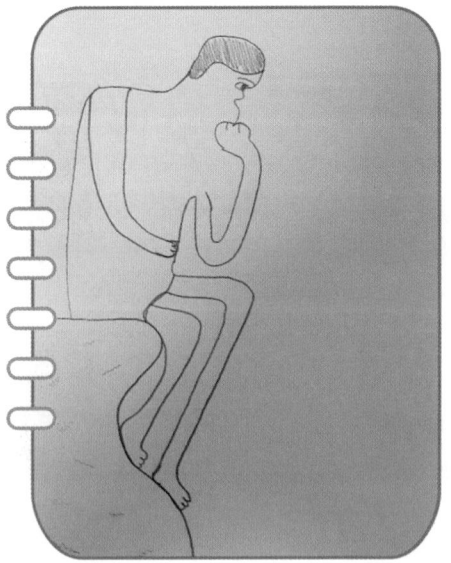

요즘 미래에 대해 생각하는 모습이 나랑 비슷하기 때문에 이 작품을 선택해 표현해보았습니다.

🎯 매너/수업 규칙 카드 만들기

수업 형태	• 콘텐츠 활용 수업 • 과제 수행 중심 수업	활동 유형	• 개인 활동
활동 도구	• 인터넷 가능한 컴퓨터(PC 또는 태블릿), 미리캔버스 사이트			

    제시된 주제나 내용을 한 장의 이미지로 압축해 요약, 정리, 안내하는 활동으로, 미술 교과목은 물론 다른 모든 교과목에서도 널리 유용하게 활용할 수 있는 쉽고 재미있는 수업입니다. '미리캔버스' 사이트 miricanvas.com를 이용하여 누구나 손쉽게 높은 퀄리티의 시각 이미지를 제작할 수 있습니다.

    이 활동의 목표는 이미지 제작을 통한 시각 활동과 실제 터치 및 클릭을 통한 촉각 활동을 촉진시키는 데 있습니다. 또한 학년 초에 교사와 학생, 학생과 학생이 서로를 이해하고 알아가는 관계 형성에 도움이 되는 활동으로도 진행할 수 있습니다. 배운 내용을 한 장의 이미지로 요약, 정리함으로써 학생들은 스스로 복습할 기회를 얻습니다. 시각 이미지를 제작하는 그래픽 관련 수업은 디자인 관련 활동에 대한 학생의 특기를 발견하는 기회가 되기도 합니다.

먼저 미리캔버스를 간단히 살펴보겠습니다. 사이트에 접속한 후 회원가입을 통해 서비스를 이용할 수 있습니다. 별도의 회원가입 없이 소셜 계정으로 연동하여 이용할 수도 있습니다.

미리캔버스 사이트에서 제공하는 다양한 템플릿을 살펴보고 원하는 템플릿을 선택해 내용을 작성하고 프리젠테이션이나 카드뉴스, 웹 포스터, 웹 배너 등 시각 이미지로 제작하면 됩니다.

[새 문서 만들기]를 클릭하면 다음과 같은 창이 열립니다. 이곳에서 다양한 템플릿을 탐색하고, 선택할 수 있습니다.

본인에게 필요한 이미지를 검색하여 선택할 수 있으며 다양한 폰트를 선택하여 적용할 수 있습니다. 그림 자체에 필터 적용 및 변형 편집 등도 한 번의 클릭으로 가능하기 때문에 쉽게 고품질의

시각 이미지를 제작 및 완성하도록 도와줍니다.

빨간 원으로 표시된 [사진]을 먼저 클릭한 뒤, 빨간 네모로 표시된 검색창에 글자를 입력하면 관련 이미지가 검색됩니다.

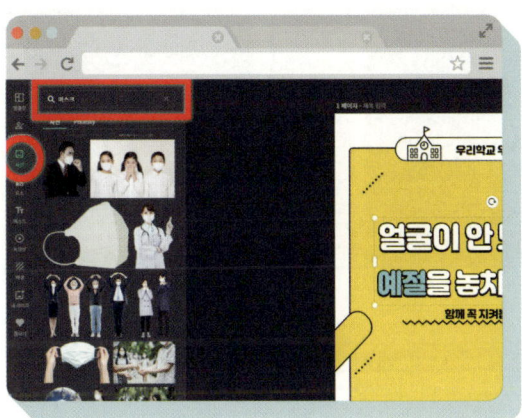

폰트도 다양하게 제공되어 폰트를 쉽게 변경하거나 적용할 수 있습니다.

필터 효과, 배경색 변경, 정렬 및 순서, 글자 조정과 그림자 효과 등 다양한 그래픽 효과를 손쉽게 클릭 한 번으로 변경하고 적용할 수 있습니다.

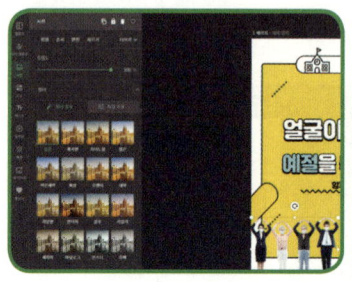 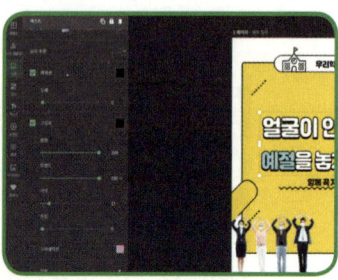

학생들은 교사가 제시하는 주제를 받고, 그 주제와 관련 있는 이미지 카드를 제작합니다. 단 한 장의 이미지로 내용을 효과적으로 함축하고 안내하는 방법들을 스스로 탐색해봅니다. 여러 가지 효과를 이미지에 적용하고 변형하는 디자인 과정을 거쳐서 탄생한 최종 작품 과제물을 교사에게 제출하고 활동을 정리합니다.

이 활동은 생활 규칙 및 캠페인, 수업에서 배운 내용 요약 카드 등 주제를 광범위하게 사용 및 적용할 수 있습니다. 또한 교사가 제시하는 주제에 따라 카드나 포스터, 배너, 썸네일 만들기 등으로 형태를 쉽게 변형할 수도 있습니다.

학생들의 입장에서는 직접 손으로 그려야 하는 부담을 덜고 누구나 쉽게 완성도 있는 결과물을 제작하고 그 결과를 본인이 직접 확인할 수 있기에 완성의 기쁨과 작품에 대한 만족감을 느낄 수 있습니다. 그래픽 이미지를 제작하는 과정을 통해 디자인과 관련한 진로 탐색 및 진로 연계 지도도 충분히 가능합니다.

 참고

> 미리캔버스 사이트에서 제공하는 템플릿과 폰트, 이미지 등은 대부분 저작권이 무료입니다. 따라서 선생님과 학생들은 활동을 진행함에 있어서 저작권에 대한 부담에서 벗어나 자유롭게 사용할 수 있습니다.

활동을 위해 준비해야 할 것들은 다음과 같습니다. 사전에 교사는 미리캔버스 사이트를 소개하고, 접속 및 가입 방법과 몇 가지 간략한 사용 방법 안내 동영상을 제작하여 준비하면 좋습니다. 즉, 거꾸로학습 수업에서의 디딤영상과 같은 역할로서 간략한 기초영상을 시청한 후 나머지 응용과 활용, 심화하여 진행하는 과정은 학생들이 스스로 클릭을 하며 실행하여 학습해 나갈 수 있도록 준비하면 됩니다. 또한 학생들이 과제물을 제출할 수 있는 별도의 플랫폼이나 장소를 준비하면 됩니다.

이 활동을 진행할 때 유의하거나 참고하면 좋은 점을 살펴보겠습니다. 먼저, 사이트 자체에서 제공하는 템플릿이 워낙 완성도가 높은 편이기에 이를 그대로 사용하지 않게 몇 가지 조건을 제시할 필요가 있습니다. 예를 들어 글자의 색과 크기를 반드시 변경할 것, 기존 템플릿에 없는 이미지를 추가할 것, 배경색을 변경할 것 등을 전제 조건으로 제시하는 것입니다. 또한 학생들이 작품을 완성한 후에 이미지(jpg나 pdf, ppt 등)로 저장하는 방법을 잘 몰라 헤맬 수 있기 때문에 저장하는 방법도 안내해줍니다. 마지막으로 미리캔버스 사이트 내에서의 이미지 작업은 휴대폰 화면에서는 진행하기에 다소 어려운 부분이 있으므로 컴퓨터나 노트북, 태블릿 등으로 작업하도록 권장합니다.

오른쪽 상단의 빨간 동그라미 부분의 [다운로드] 버튼을 누르면 파일 저장이 가능합니다. 빨간 네모 박스 부분은 '파일 형식'을 선택할 수 있고 다운로드를 실행할 수 있는 버튼입니다.

제출된 학생들의 작품들로 다양한 연계 활동이 가능합니다. 작품을 인쇄하여 복도나 교실 등 학교 공간에 전시할 수 있습니다. 친구들의 작품을 감상하고 한 줄 감상평 작성하기, 친구 작품을 본인이 다시 소개하고 설명하기로 연계 지도할 수도 있습니다.

실제로 이 활동은 미술과 교사를 비롯하여 많은 교사들과 학생들로부터 굉장히 좋은 반응을 확인할 수 있었습니다. 무엇보다 대부분의 학생이 본인 작품에 대하여 만족감을 표현했으며, 사이트의 이용이 쉽고 직관적이다 보니 여러 교과에서 과제물을 제작하는 데 활용할 수 있었고, 파워포인트 프로그램이 없어도 프리젠테이션 파일을 제작할 수 있다는 점 등에서 좋은 반응을 얻었습니다.

> **이런 활동도 가능해요!**

학년 초기에 학급 규칙 또는 수업 규칙을 만드는 일은 매우 중요합니다. 규칙을 세우는 것도 중요하지만 규칙을 만드는 과정에서 학생들의 의견 교환이 충분히 이루어져야 하고, 과정이 자치적이고 민주적이어야만 규칙이 효용성을 갖습니다. 오프라인 수업에서 이와 같은 규칙 수립 활동을 하기 위해 학생들과 다양한 활동을 통해 의견을 모으고 정리하는 과정을 거치게 되는데 공유가 가능한 온라인 도구를 활용하면 의견 수렴 과정이 좀더 수월해집니다. 다음은 구글 스프레드시트로 학급 규칙을 만든 사례입니다.

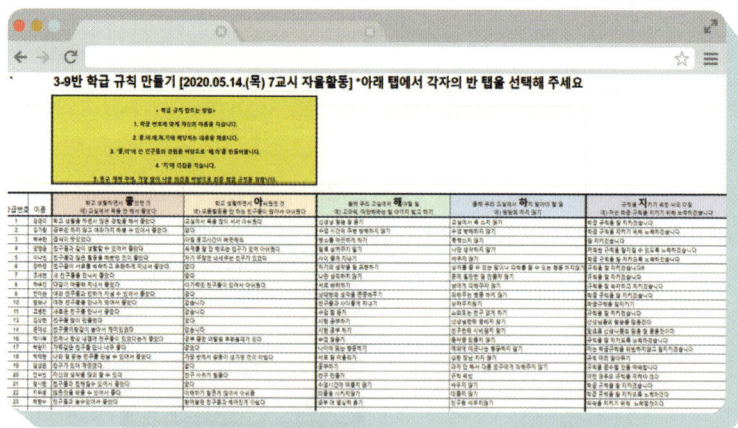

학급 규칙 만들기 예시(학생 안내용)

1. 학급 번호에 맞게 자신의 이름을 적습니다.

2. 작년 학급의 좋았던 점, 아쉬웠던 점, 올해 우리 학급에서 해야 할 일, 하지 말아야 할 일, 규칙을 지키기 위한 다짐 등으로 주제를 정하고 각 주제를 '좋.아.해.하.지'로 요약해 부릅니다. 각 글자에 해당하는 내용을 채웁니다.
   - **좋: 작년 학급의 좋았던 점**
     - 예) 교실에서 욕을 안 해서 좋았다
   - **아: 작년 학급의 아쉬웠던 점**
     - 예) 모둠 활동을 안 하는 친구들이 많아서 아쉬웠다

3. '좋, 아'에 쓴 친구들의 의견을 살펴보고 '해, 하'를 만듭니다.
   - **해: 올해 학급에서 해야할 일**
     - 예) 고마워, 미안해라는 말 아끼지 말고 하기
   - **하: 올해 학급에서 하지 말아야 할 일**
     - 예) 뒷담화 하지 않기

4. '지'에 다짐을 적습니다.
   - **지: 규칙을 지키기 위한 나의 다짐**
     - 예) 저는 학급 규칙을 지키기 위해 노력하겠습니다

5. 등교 개학 후에, 가장 많이 나온 의견을 바탕으로 협의 후 최종 학급 규칙을 정합니다.

구글 공유 문서를 활용하여 규칙을 만들면 모두가 적극적으로 자신의 의견을 말할 수 있다는 점과 의견을 공유하고 한눈에 살펴보기 수월하다는 장점이 있습니다. 익명으로 활동을 진행하면 의견을 활발하게 말할 수 있어 좋지만 진지하게, 책임감을 갖고 참여하는 분위기가 형성되기 어려우므로 개인별로 의견을 정리하게 하는 것이 좋습니다. 학급 규칙 수립이라는 목표에 맞지 않는 아주 개인적인 의견이나 의미 없는 대답(예를 들면, 친구랑 게임 레벨을 올려서 좋았다 등)을 지양할 수 있도록 활동의 목표를 명확히 알려주고 학급 또는 수업 활동 중에서의 경험을 끌어낼 수 있도록 안내하면 본 활동을 원활하게 진행할 수 있습니다.

온라인 활동을 오프라인에서도 연계하여 최종적으로 학급 또는 수업 규칙을 만들 수 있습니다. 만약 시간적인 여유가 없다면, 작성된 문서를 바탕으로 온라인 실시간 수업을 통해 규칙을 수립할 수 있습니다.

온라인 수업 활동

 온라인 수업을 생각하면 어떤 모습이 떠오르시나요? 최신 전자기기와 복잡한 이름의 프로그램, 그리고 이 모든 것들을 현란하게 다루는 교사와 학생들이 그려지나요? 아닙니다. 온라인 수업도 수업의 한 가지 형태로, 평소 했던 수업과 그 흐름이 크게 다르지 않습니다.

 수업은 교사와 학생 간의 상호작용을 통해 수업 내용이 전달되고, 학생에게 배움이 일어나는 매우 인간적인 관계여야 합니다. 결국 온라인 수업에서도 배움이 제대로 일어나기 위해서는 교사와 학생, 학생과 학생 간의 상호작용을 어떻게 촉진시킬지가 가장 중요하며 이 부분이 수업의 성패를 가를 수 있는 부분입니다. 평소 교실 수업에서 해왔던 것을 온라인 수업의 환경에 맞춰서 진행한다면 충분합니다.

🎯 멘티미터를 활용한 키워드 수업하기

수업 형태	• 콘텐츠 활용 수업 • 과제 수행 중심 수업 • 실시간 쌍방향 수업	활동 유형	• 개인 활동
활동 도구	• 멘티미터		

　멘티미터는 실시간으로 학생들의 의견을 조사할 수 있는 프로그램입니다. 멘티미터로 수업을 시작하면서 학생들의 적극적인 참여를 끌어내 보시기 바랍니다. 다른 설문조사 프로그램과 달리 멘티미터는 학생들의 응답이 시각적으로 아주 깔끔하게 정리됩니다. 예를 들어 오늘의 기분을 적어 보기, 오늘 배울 내용에 대해 아는 것을 적어 보기, 오늘의 기분을 투표하기 등 가벼운 활동을 시작으로 학생들을 수업에 끌어들일 수 있습니다.

　다음은 음식 관련 단원에 들어가기 전 학생들이 어떤 음식을 가장 좋아하는지 설문조사한 결과입니다. 조사 결과를 예측한 후, 자신이 예측한 결과와 실제 결과가 어떻게 다른지 비교해보는 활동도 좋습니다.

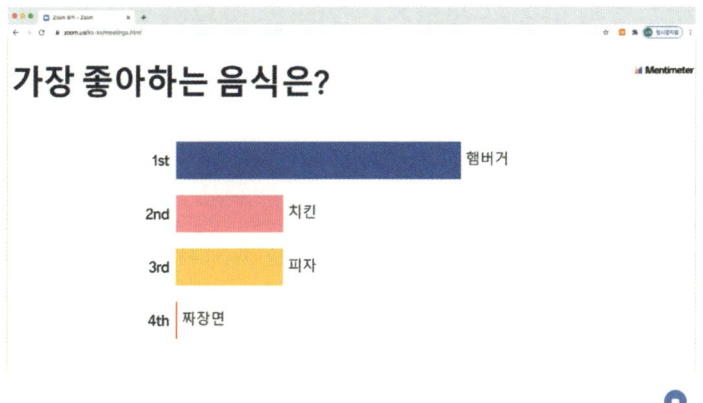

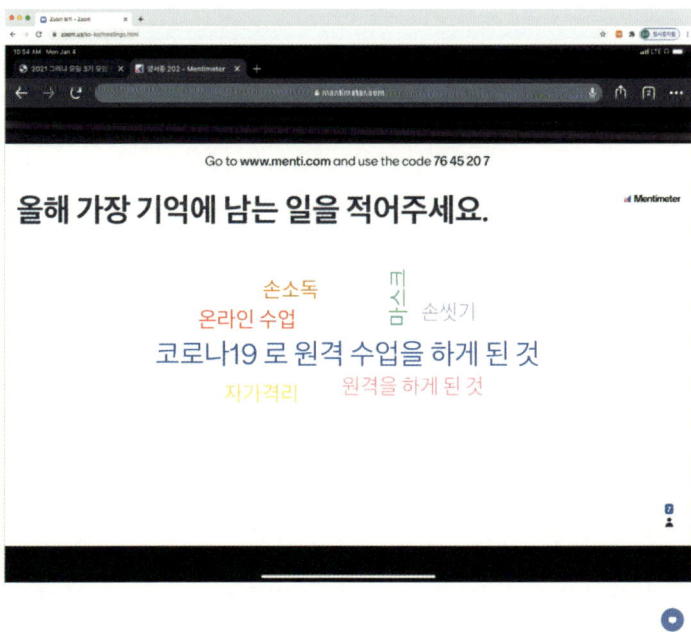

온라인 수업 실천 사례

🎯 그림 파일과 설문조사 기능을 활용한 학습지

수업 형태	• 콘텐츠 활용 수업 • 과제 수행 중심 수업 • 실시간 쌍방향 수업	활동 유형	• 개인 활동
활동 도구	• 학습지 파일과 학생들에게 자료를 전달할 채널(카카오톡, 네이버 밴드, 각종 온라인 학습 플랫폼)		

　일반적인 온라인 수업의 경우, 선생님이 수업 영상 및 자료를 제시하면 학생들은 수업 영상을 시청한 후, 선생님이 제시한 과제를 제출하는 형태로 많이 진행됩니다. 이런 수업 활동은 필연적으로 선생님과 학생 사이에서 파일이 오고 가야 합니다. 그런데 보통 학생들은 스마트폰과 같은 모바일 기기를 많이 사용하다 보니 선생님이 제공한 파일이 모바일 기기에서 바로 편집이 되지 않는 경우가 많습니다. 파일을 열고 작업하기 위해서 별도의 프로그램을 다운로드해 사용하거나 다시 파일을 컴퓨터로 옮겨서 작업해야 해서 번거로움이 큽니다. 선생님이 제공한 수업용 파일이 열리지 않거나, 어떻게 작업해야 하는지 모르는 경우 때문에 학생들에게 질문을 받은 적이 있었을 걸로 예상됩니다. 문제가 되는 상황의 정확

한 판단도 어렵고 학생들과 통화 및 채팅을 통해 일일이 해결해줘야 하는 번거로운 일이 생길 수 있습니다.

이러한 번거로움을 줄이는 간단한 방법은 학습지를 그림 파일로 저장해서 학생들에게 제공하는 것입니다. 학생들이 별도의 프로그램을 설치할 필요 없이 바로 학습지 이미지 파일을 스마트폰에 다운로드한 후 학습지를 작성해서 제출할 수 있습니다. 모바일 기기에서 바로 글쓰기나 밑줄 긋기 등을 할 수 있어 여러 가지 프로그램을 사용해야 하는 번거로움 없이 수업 활동에 집중하도록 도와줍니다.

온라인 수업 상황 속에서는 계속해서 학습지 파일에 키보드 자판을 활용해 입력해야 하는데 손기락을 써서 과제를 할 수 있다는 점에서 과제의 단조로움을 벗어나는 데도 도움이 됩니다. 스마트폰이 없는 학생들은 컴퓨터로 학습지를 다운로드해 파일을 열고 프로그램에 있는 형광펜 및 연필 기능을 활용해서 글쓰기 및 하이라이트를 하면 됩니다.

이 활동을 위해 선생님은 먼저 학습지 파일(hwp, ppt, doc 등)을 실행시킨 후 프로그램 상단의 메뉴에서 [파일]-[다른 이름으로 저장하기]를 선택하고 JPG나 PNG 이미지로 저장합니다.

○ [다른 이름으로 저장하기]를 선택하고 [JPG 이미지]나 [PNG 이미지]를 선택해 저장합니다.

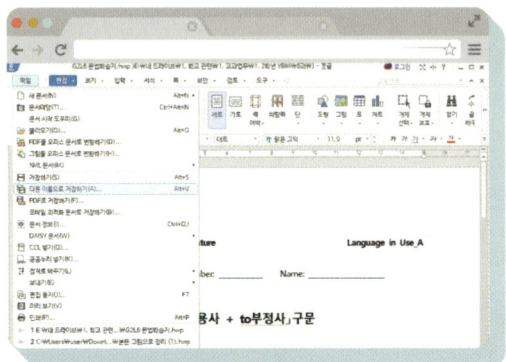

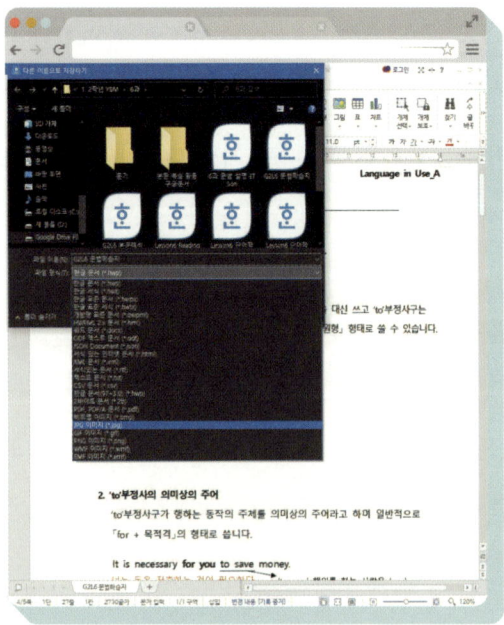

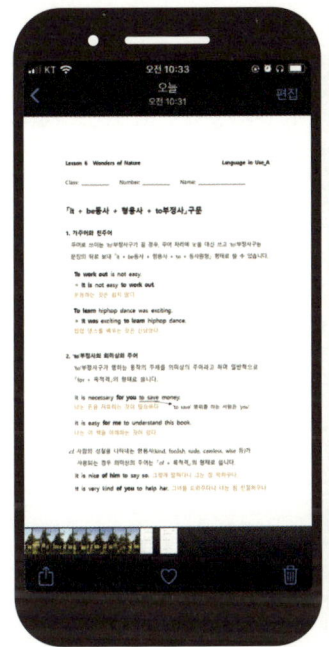 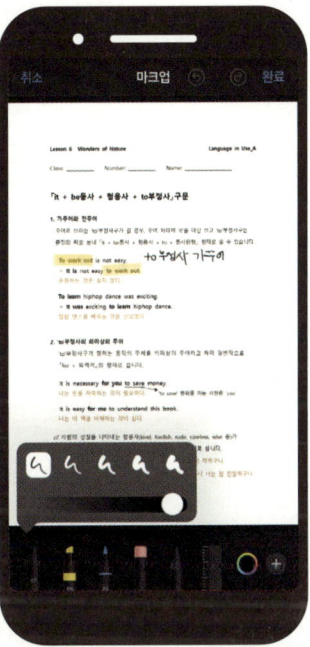

저장된 학습지 이미지 파일을 전달받은 학생들은 스마트폰의 사진 편집 기능을 이용하여 글쓰기, 밑줄 치기, 하이라이트 등을 한 후에 완료를 누르고 작성한 학습지를 제출합니다.

다음은 영어 수업에서의 활동 예시입니다. 교과서를 읽고 본문을 이해한 다음, 교사가 본문에 대한 질문을 하면 학생들은 학습지 이미지 파일에서 답을 찾아 하이라이트를 하고 문제 번호를 적습니다. 이 과정을 통해 손쉽게 과제 이행 여부를 확인할 수 있습니다.

○ 활동 지시문

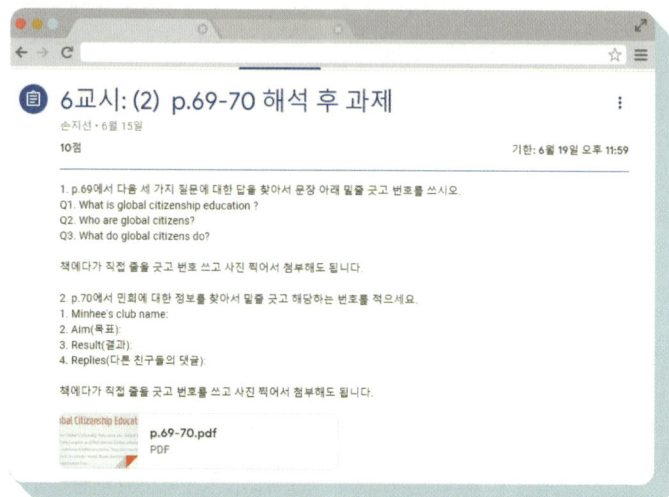

 학생 과제 예시

학생들은 이 활동이 굉장히 편하다는 반응을 보였습니다. 사진 파일을 편집해서 낙서도 하고 그림도 그리는 것은 학생들이 늘 해오던 것이라 학습지 사진 파일에 답을 작성하라고 했을 때 학생들은 큰 어려움 없이 바로바로 작성해서 보내주었습니다. 온라인 수업에서는 어려움 없이 과제를 진행할 수 있는 것이 굉장히 중요하다고 생각합니다.

 이렇게도 할 수 있어요!
> 학생들의 사진을 패들렛이나 구글 잼보드에 올려서 서로의 활동지를 보며 좋은 점과 인상 깊은 점을 적게 하는 온라인 갤러리 투어 활동을 하는 것도 좋습니다.

그림 파일의 학습지 과제를 진행할 때 알아두면 유용한 팁을 알려드리겠습니다. 먼저, 스마트폰으로 쓰는 글자 양이 너무 많아지지 않도록 학습지 내용을 안배합니다. 경험상 수업 중 중요한 단어를 적거나 문장에 하이라이트를 표시하는 정도가 적당했습니다.

둘째, 이미지 파일에 글쓰기나 하이라이트 기능을 사용해본 적이 없거나 잘하지 못하는 학생들도 있으므로 미리 안내 영상을 만들어 샘플로 제공하면 좋습니다. 영상 세대인 요즘 학생들은 글로 길게 적어서 설명하는 것보다 직접 과정을 소개하는 영상을 볼 때

더 쉽게 이해하고 잘 받아들입니다. 학생들이 처음 해보는 과제를 제시할 때 안내 영상을 만들어서 제공하면 활동 진행에 큰 도움이 됩니다.

셋째, 학생들이 교과서에 필기하고, 학습지에 적은 것을 사진으로 찍어서 선생님에게 보낼 때 반드시 파일명을 '반 번호 이름'으로 바꿔서 제출하라고 안내합니다. 개인 인적사항이 파일명에 제대로 표시되지 않으면 누가 작성한 것인지 명단과 대조하며 찾아야 해서 번거로워집니다.

넷째, 파일 제출 시 구글 설문조사를 활용하면 편리합니다. 학생들의 학습지를 선생님의 이메일이나 개인 SNS로 받거나 인터넷 카페 등에 올리면 교사가 일일이 컴퓨터에 다운로드하고 정리해야 합니다. 한 명의 자료를 받으려고 해도 여러 단계의 클릭 과정을 거치는데 이걸 수십, 수백 번 반복하다 보면 상당한 시간을 빼앗깁니다. 온라인 수업의 핵심 부분도 아닌, 파일 전송 및 저장 등 번거로운 절차 때문에 교사들이 다양한 활동을 진행하는 것 자체를 꺼리게 될 수도 있습니다. 구글 설문조사는 이러한 고민을 해결해줍니다. 구글 설문조사에 개인 인적사항을 적게 하면 나중에 엑셀 파일로 저장한 후 소트 정렬만으로 학생들의 제출 여부를 한눈에 파악할 수 있습니다.

구글 설문조사는 다양한 활동을 진행하고 확인하는 데도 유용합니다. 설문조사 문항 양식 중 '파일 업로드' 기능은 학생들이 다양한 종류의 파일을 선생님에게 바로 전송하게 해줍니다. 구글 문서, 시트, 프레젠테이션과 같은 구글 고유의 파일뿐만 아니라, 사진, 그림, 음성 파일, 동영상까지 보낼 수 있습니다. 대면 수업과 달리 온라인 수업에서는 학생들이 실제 실습을 하더라도 잘했는지 확인하는 방법이 제한되다 보니 수업 형태가 단조로워지게 되는데 구글 설문조사로 어느 정도 보완이 가능합니다.

아래는 교과서의 심폐소생술 관련 내용을 배울 때 학생들에게 실제로 심폐소생술을 실습해보고 그것을 동영상으로 촬영한 후 전송하라고 했던 과제입니다. 학생들이 구글 설문조사에서 파일 업로드 기능을 선택하여 촬영한 동영상 파일을 전송하여 과제 제출을 잘 수행해주었습니다.

○ 구글 설문조사 문항 예시

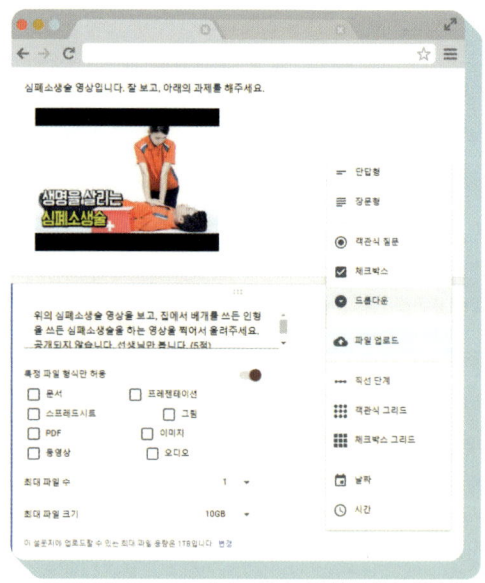

학생들이 보낸 동영상 파일은 교사의 구글 드라이브에 자동으로 생성된 설문조사 폴더에 저장됩니다. 따로 일일이 저장하지 않

더라도 자동으로 저장되어 수업에서 진짜 중요한 활동에만 집중하고 파일 전송 및 저장과 같은 부수적인 절차에 시간과 노력을 뺏기지 않아도 되어 매우 편리합니다.

- **구글 설문조사 결과에 저장된 모습: '폴더 보기'를 클릭하면 구글 드라이브에 학생들의 자료가 자동으로 저장된 폴더가 뜹니다.**

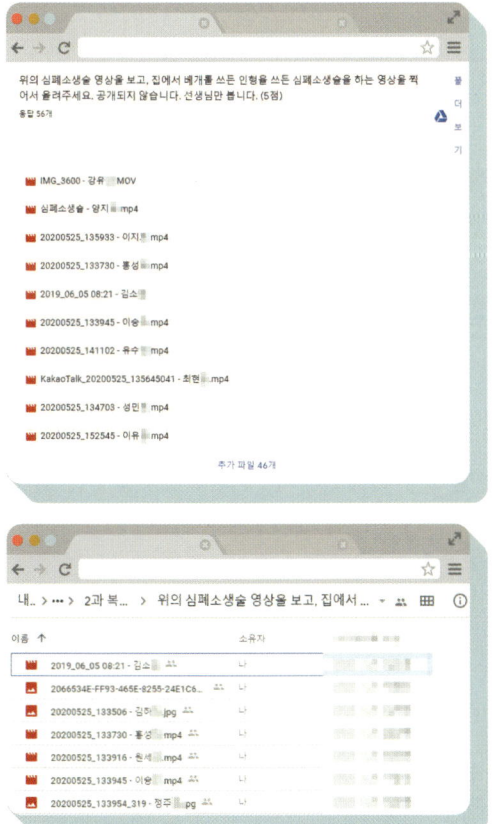

온라인 수업 실천 사례

🎯 필기 후 사진 찍어 올리는 디지로그 활동

수업 형태	• 콘텐츠 활용 수업 • 과제 수행 중심 수업 • 실시간 쌍방향 수업	활동 유형	• 개인 활동
활동 도구	• 학습지 파일과 학생들에게 자료를 전달할 채널(카카오톡, 네이버 밴드, 각종 온라인 학습 플랫폼)		

    온라인 수업 상황에서 할 수 있는 가장 간단하면서도 가장 효과적인 활동 중 하나로, 학생들이 배운 내용을 교과서에 필기하거나 선생님이 제공한 학습지에 필기한 뒤 사진을 찍어서 그 사진 파일을 선생님에게 전송하는 것입니다. 등교 수업 때 선생님이 학생에게 배울 내용을 설명한 후 학습지를 나눠 주면 학생들이 학습지를 풀면서 스스로 얼마나 이해했는지 확인하고 복습하던 활동을 온라인 수업에 맞게 구현한 것입니다.

    물론 EBS 온라인 클래스, 구글 클래스룸, e학습터, 클래스팅 등과 같은 온라인 학습 플랫폼에서 과제를 주고받는 것이 효율적입니다. 하지만 이런 서비스를 사용하기 위해서는 회원가입 등 정해진 절차를 밟아야 하기 때문에 초반에 준비할 것이 많다는 점이 어려움으로 다가올 수 있습니다. 반면에 학생들이 학습지나 공책의 사진을 찍어서 선생님에게 보내는 것은 이메일, 카카오톡이나 인터넷 카페 등 평소 연락을 주고받는 수단으로도 바로 가능하다는 장점이 있습니다. 학습지를 직접 인쇄할 수 없는 학생은 빈 종이나 공책에 답만 적은 후 사진 찍어서 교사에게 전송하는 식으로 아주 간단하게 활동을 진행할 수 있습니다.

이 활동을 위해 실시간 수업이나 영상 강의 중 선생님이 설명한 내용을 교과서에 필기하거나 제공한 학습지를 활용해서 필기하라고 안내합니다. 어떤 부분을 어떻게 적으면 되는지 사전에 자세히 설명해주면 학생들이 활동하는 데 도움이 됩니다.

다음은 디지로그 활동을 적용한 영어 수업의 예입니다. 영어 교과에서 본문 해석하기는 늘 해왔던 활동인데 온라인 수업에서는 학생들이 입력한 내용을 화면으로만 보게 되어 학생들과 상호작용한다는 느낌이 떨어졌습니다. 그래서 기존의 교실 수업 방식대로 직접 손으로 필기를 하게 하고 그걸 사진 찍어 보내게 했더니 학생들의 반응이 매우 좋았습니다.

교사는 정성껏 쓴 학습지를 직접 받아 보면서 학생들이 열심히 공부하고 있음을 느낄 수 있고, 학생들은 모니터만 보며 진행되는 비대면 온라인 수업의 상황에서 손글씨 필기를 통해 학습 동기를 얻게 됩니다. 글로 해석이나 요약하는 활동에서 나아가 그림 그리기를 시도할 수도 있습니다. 본문을 읽고 이야기 순서대로 글과 그림으로 정리하는 스토리보드 활동에도 흥미과 열의를 보인 학생들이 많았습니다.

또는 교과 내용을 잘 이해했는지 복습할 수 있도록 질문을 주고 그에 대한 답을 교과서 본문에 찾아 밑줄 긋고 문제 번호를 표시해서 사진을 찍어 올리는 단순한 활동도 학생들의 수업 집중도를 높이는 데 도움이 됩니다. 학생들은 답을 찾아 번호만 표시하면 되고 교사는 학생들이 잘 이해했는지 한눈에 확인할 수 있어 편리합니다.

● **인쇄한 학습지나 공책에 직접 필기해서 사진 찍어 올리기**

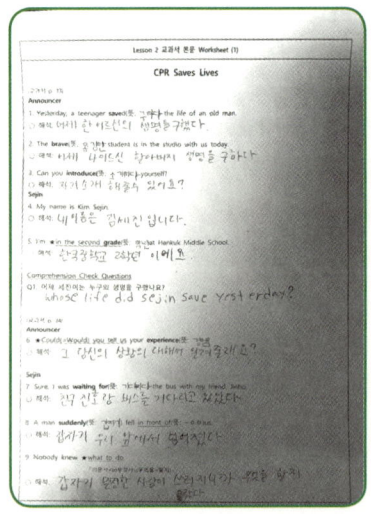 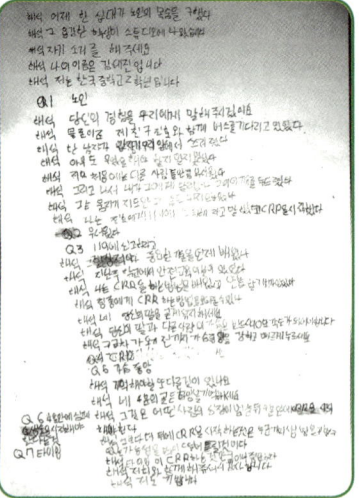

◎ 그림과 글을 곁들여 이야기 순서대로 스토리보드 만들기

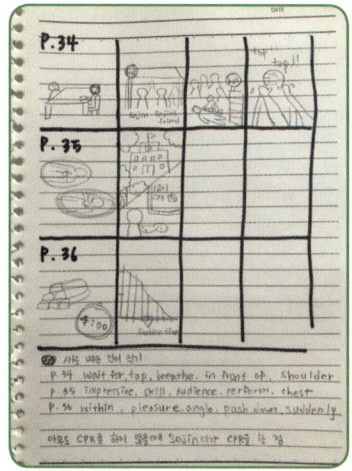

◎ 복습 질문 답 찾아서 표시한 후 문제 번호 쓰기

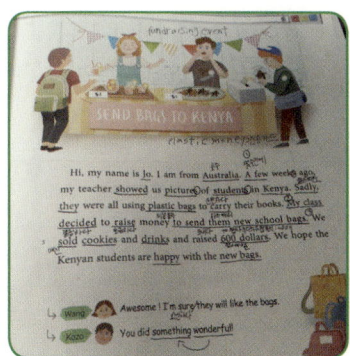
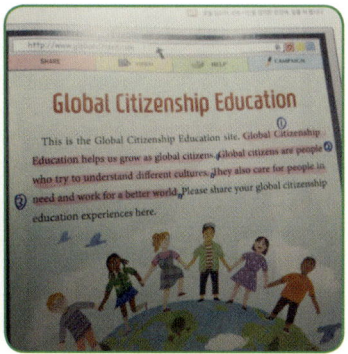

이렇게도 할 수 있어요!

과학과 사례:

암석 단원을 배우는 과정에서 학생들은 학습지 파일에 암석의 순환 과정, 광물의 구성 비율 등을 그림과 도표로 그렸습니다. 종이에 그림을 그리고 스마트폰으로 사진을 찍어 온라인 학습지의 해당 칸에 이미지를 삽입하는 방식입니다.

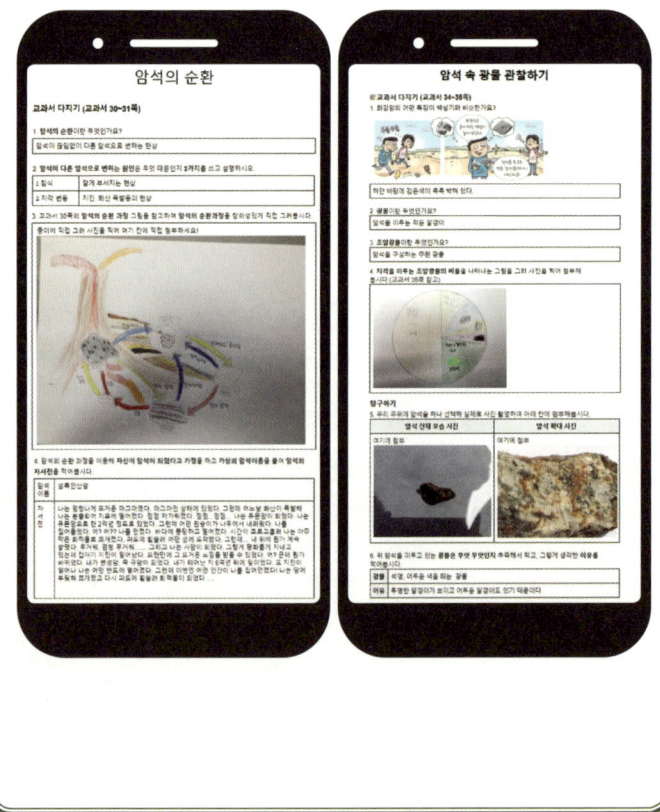

🎯 '노래 가사 바꾸기'로 핵심 내용 암기하기

수업 형태	• 콘텐츠 활용 수업 • 과제 수행 중심 수업 • 실시간 쌍방향 수업	활동 유형	• 개인 활동
활동 도구	• 영상 녹화, 파워포인트		

    암기가 필요한 주요 학습 내용을 학생들에게 친숙한 노래 가사로 바꾸어 불러보게 하는 활동입니다. 정보는 다양한 경로를 통해 전달되는데 수업 시간에는 보통 언어적으로만 전달되기 때문에 다른 경로의 정보 이해 및 습득이 더 효과적인 학생들이 암기하는 데 어려움을 느끼게 됩니다. 익숙한 노래의 가사를 학습 내용으로 바꾸어 전달할 경우 음악이라는 매체에 멜로디와 가사가 같이 담기기 때문에 단순한 언어로만 정보를 전달하는 경우보다 더 효율적일 수 있습니다.

    학생들이라면 모두 알 만한 노래 한 곡을 고릅니다. 멜로디가 간단하고, 길이가 길지 않은 노래가 좋습니다. 「곰 세 마리」, 「비행기」 등 어렸을 때부터 많이 들어서 익숙한 동요의 가사를 바꿔서 가르치면 더 효과적입니다. 노래를 고른 뒤 가르칠 내용을 정리해서 노래 가사와 바꿔 넣습니다.

실제 영어 교과의 온라인 수업 시간에 관계대명사를 가르치기 위해 「곰 세 마리」의 가사를 바꿔 넣은 「관계대명사 송」을 소개합니다.

곰 세 마리가 한집에 있어 아빠곰 엄마곰 애기곰 아빠곰은 뚱뚱해 엄마곰은 날씬해 애기곰은 너무 귀여워 으쓱으쓱 잘한다	두 문장속에 같은 명사 있어 뒷명사가 사이로와 연결해 사람이면 who, whose, whom 사람 아니면 which, of which, which 뒷 문장 속 역할에 따라 셋 중에서 잘 골라

→

관계대명사의 기능을 좀 더 잘 이해시키기 위해 간단한 율동도 더했습니다.

두 문장 속에 (두 주먹 쥐고)

같은 명사 있어 (양손 검지 세워 좌우로 까딱)

뒷명사가 사이로와 연결해 (왼손 검지를 움직여 오른손 검지와 연결)

사람이면 who, whose, whom (오른손 검지와 중지를 아래로 향해 人 (사람 인) 모양을 만들고 좌우로 까딱)

사람 아니면 which, of which, which (오른손 검지와 중지를 위로 향

해 V 모양을 만들고 좌우로 까딱)

뒷 문장속 역할에 따라 (왼손 검지, 중지, 약지를 차례로 세우고)

셋 중에서 잘 골라 (세 손가락을 네 번 접었다 펴기)

이렇게 제시한 후 선생님이 직접 시범을 보인 영상을 촬영, 녹화해서 학생들에게 어떻게 하면 되는지 보여주면 준비는 끝납니다.

관련 영상: https://youtu.be/XOkogBzXjbI

준비를 마쳤다면 온라인 수업 플랫폼에 가사외 율동, 안내 동영상을 올리고 학생들에게 연습할 시간을 준 다음, 구글 설문조사 파일 업로드 기능을 활용하여 각자 연습한 영상을 전송, 제출하게 합니다. 학생들이 율동하면서 노래하는 자신의 모습을 동영상으로 촬영하는 것을 상당히 부끄러워할 수 있기 때문에 긍정적인 피드백을 계속 제공하는 것이 필요합니다. 선생님이 수업 활동에 대해 열정을 갖고 일관되게 학생들을 설득하면 결국 학생들도 움직이게 됩니다.

그냥 외우려고 들었다면 쉽지 않았을 관계대명사의 내용을 익숙한 노래로 익혀서인지 몇 달이 지난 후 다시 노래를 시켜 봐도 가사와 율동을 잘 기억해내서 곧잘 따라 불렀습니다. 학생들 스스로도 노래 부르면서 '왜 이게 기억이 나지?' 고개를 갸웃거리던 모습이 인상적이었습니다. 신체학습자 학생들의 경우 굉장히 즐거워하면서 노래와 율동을 하는 것을 볼 수 있습니다.

한편 등교 수업에서는 온라인 수업에서 익힌 노래를 교실에서 함께 율동하며 부르도록 합니다. 자연스럽게 주요 내용을 다시 한 번 복습하는 기회가 되며, 즐겁고 신나는 수업 분위기 조성과 학생 간 유대감 형성을 덤으로 얻을 수도 있습니다.

학생들의 흥미도를 높이기 위해 노래방 형태로 영상을 제작하는 방법도 있습니다.

관련 영상: https://youtu.be/XfQA5oMjZLM

1. 파워포인트 프리젠테이션을 활용해 노래방 화면 형태와 비슷하게 배경을 만들고 글을 입력합니다.

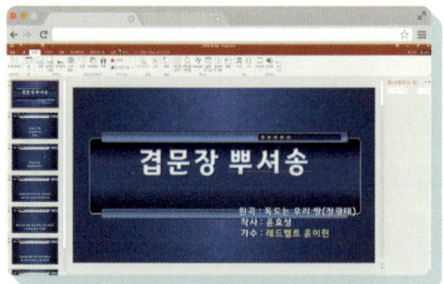

2. 노래의 흐름에 맞게 마디별로 가사를 입력합니다.

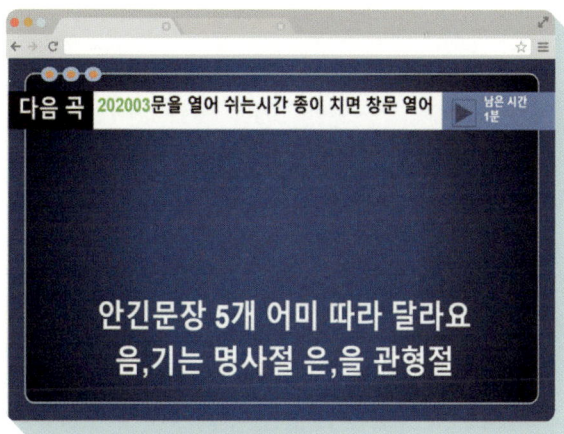

3. 가사에 애니메이션 효과 중 [색칠하기]를 선택하고 색상을 설정한 다음 노래의 리듬에 맞게 [애니메이션 효과 시간]을 설정합니다. 이때 자동으로 애니메이션을 설정해도 좋으나 선택한 노래와 잘 맞지 않는다면 [클릭할 때] 애니메이션 효과가 나타나도록 설정하여 노래의 박자에 맞춰 한 줄씩 효과가 나오도록 할 수도 있습니다.

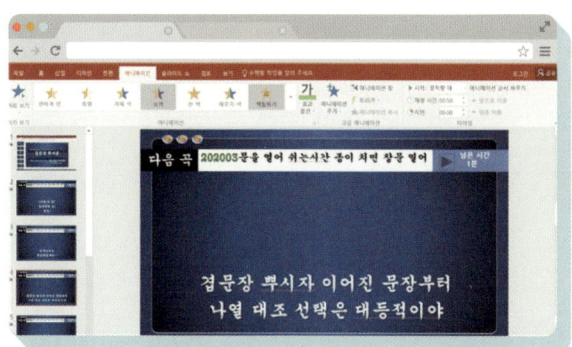

4. 프리젠테이션이 준비되었으면 평소 수업을 녹화하는 방법과 같이 슬라이드쇼를 녹화하면서 마이크에 음원을 틀어 함께 녹음합니다.

저는 휴대폰으로 음원을 틀고 슬라이드쇼를 녹음하는 방법으로 진행하였습니다. 프리젠테이션 화면 녹화 방식 외에 스크린캐스티파이Screencastify 같은 다른 프로그램을 사용한다면 컴퓨터 자체의 소리를 녹음할 수도 있습니다. 교사가 직접 불러 주면 학생들의 호응이 좋습니다. 저작권이 있는 음원일 경우, 구입이 필요할 수 있습니다.

🎯 학생의 목소리로 직접 녹음해 보는 활동

수업 형태	• 콘텐츠 활용 수업 • 과제 수행 중심 수업 • 실시간 쌍방향 수업	활동 유형	• 개인 활동
활동 도구	• 콘텐츠 활용 및 과제 수행 중심 수업: 교사의 사전 녹화 영상 • 실시간 쌍방향 수업: 준비물 없음		

교과서 본문을 읽거나 설명하기, 노래 부르기, 시 낭송 등 학생들이 자신의 목소리로 활동한 것을 녹음하여 제출하는 활동입니다. 교과 특성에 맞게 다양한 과제의 음성 녹음을 진행할 수 있습니다.

학습의 이해 정도를 확인할 때 가장 많이 쓰는 방법이 학습지 문제를 풀게 하는 것이지만, 배운 내용을 말로 풀어 설명하면서 복습하는 것도 학습에 큰 도움이 됩니다. 자신의 목소리로 녹음해서 제출한 학생들의 음성 파일을 통해 학생들이 배운 내용을 얼마나 이해하고 있는지 확인할 수 있습니다. 배운 내용을 다른 사람에게 가르치듯 설명할 때의 학습 효과는 익히 잘 알려져 있습니다.

또한 교과에 따라 가창 및 낭송한 것을 녹음하거나 학생들이 배운 내용을 녹음하여 제출하는 방식으로 과제 이해 및 수행 여부를 쉽게 확인할 수 있습니다. 녹음 방식은 실제로 배운 내용을 수행할 수 있는지 확인하는 데 굉장히 유용합니다.

활동 준비를 위해 먼저, 학생들에게 어떤 내용을 녹음해야 하는지 안내합니다. 배운 내용을 복습하는 것이 목표라면 중요한 부분이 어디인지 확인하고 듣는 사람이 잘 이해할 수 있게 말을 정리해서 준비하라고 안내합니다. 또, 가창이나 낭송 등을 할 때에는 앞에 관중이 있다고 생각하고 차분히 연습하도록 안내합니다.

스마트폰과 같은 모바일 기기로 어떻게 녹음해서 파일을 제출할 수 있는지를 다룬 영상과 선생님이 예시로 녹음한 과제 수행 샘플 파일을 같이 보여주어도 좋습니다.

녹음 시작하고 처음에 본인 학번 이름을 말한 후 녹음하게 하면 본인 인증이 자연스럽게 됩니다. 또한 파일명을 '학번 이름'으로 제출하게 하면 제출 여부 확인과 평가에도 용이합니다.

다음은 영어 교과서의 대화문을 연습하고 녹음해보는 활동 예시입니다. 과제를 여러 번 연습해서 녹음하고 제출하게 합니다. 완성된 파일은 구글 설문조사를 통해 제출하게 하면 교사 입장에서 매우 편리합니다. 나중에 엑셀 파일로 저장해 누가 제출하고 제출하지 않았는지 한눈에 파악할 수 있습니다.

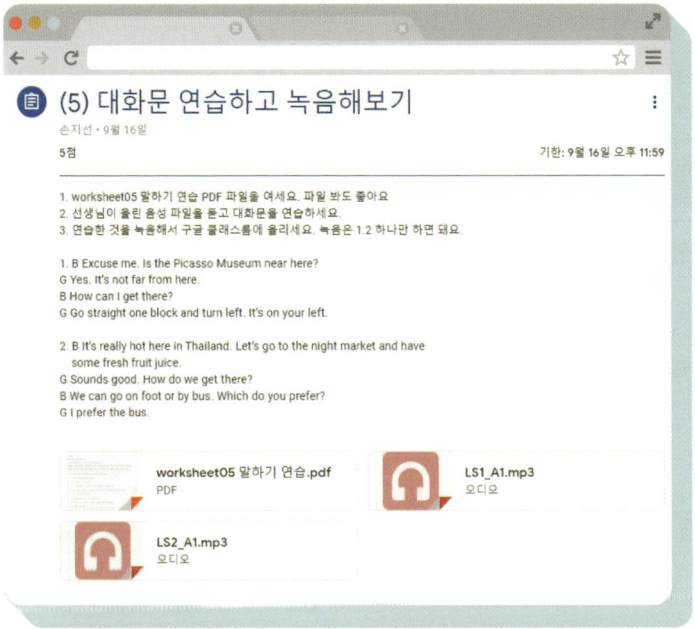

잘 녹음된 자료는 다음 차시 수업 자료로 활용합니다. 누가 녹음한 것인지 물어보고 학생들에게 어떤 점이 잘 됐다고 생각하는지, 인상 깊은 점은 무엇인지 이야기를 나누게 할 수 있습니다. 또 서로 다른 부분을 설명하고 녹음하게 한 후, 녹음 파일을 하나로 합쳐 오디오 강의 파일처럼 만들어서 학생들에게 줄 수도 있습니다.

자연스럽게 녹음하기 위해 여러 차례 연습하다 보니 반복 과정을 통해 공부한 내용이 체득되어 기억이 잘 된다는 학생들의 긍정적인 반응이 많았습니다.

이 활동 시 유의점이 있습니다. 자신의 목소리를 녹음하는 것을 별로 좋아하지 않는 학생들이 활동에 거부감을 보이는 경우가 가끔 있습니다. 이때는 배운 내용을 스스로 말해보는 것이 얼마나 학습에 도움이 되는지 학생들을 설득하는 과정이 필요합니다. 다른 사람을 가르치는 것처럼 말하는 것이 중요한데 이렇게 하다 보면 내용이 잘 학습된다는 윌리엄 글래서의 학습 효율 피라미드 자료를 활용하면 좋습니다.

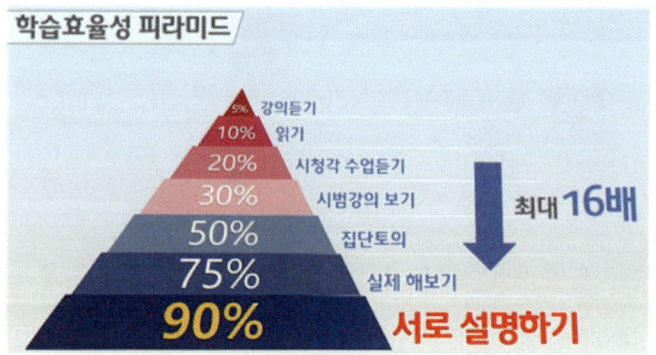

🎯 배운 내용을 설명하거나 실습하는 동영상

수업 형태	• 과제 수행 중심 수업 • 실시간 쌍방향 수업	활동 유형	• 개인 활동
활동 도구	• 패들렛, 잼보드, 카카오톡 오픈 채팅		

    이 활동은 학생들이 배운 내용을 얼마나 이해했는지 확인할 수 있는 아주 좋은 활동입니다. 학생들은 마치 선생님이 된 것처럼 다른 사람을 가르치듯이 교과 내용을 설명하고, 동영상을 찍습니다. 앞서 살펴본 학습 피라미드에서 제시된 것처럼 다른 사람을 가르칠 때 학습 효율이 가장 높다고 알려져 있습니다. 온라인 수업 상황 속에서 학생들이 배운 내용을 얼마나 이해했는지 확인하는 방법이 과제를 통한 체크 정도로 제한되는 경우가 많은데, 학생들이 직접 가르치는 모습을 보면 실제로 얼마나 이해했는지를 확인할 수 있습니다. 학생들은 평소 선생님이 가르치는 내용을 수동적으로 받아들이기만 하다가 동영상 촬영을 위해 어떤 부분이 중요한지, 어떻게 전달할지에 대해 고민하면서 좀 더 능동적으로 학습에

참여하게 됩니다.

　대면 수업 상황에서는 여건상 모든 학생의 설명을 듣기가 쉽지 않지만 온라인 수업에서는 시간과 공간에 구애받지 않기 때문에 훨씬 자유롭게 활동할 수 있습니다. 말로 설명하는 것을 동영상으로 찍을 수도 있고, 모바일 기기로 화면에 그림과 글씨를 써넣으면서 설명하는 것을 동영상으로 찍는 것도 가능합니다. 모바일 기기에 화면 녹화 기능이 탑재되어 있어서 버튼 하나만 누르면 화면 필기와 목소리 녹음이 동시에 동영상 파일로 저장됩니다.

　동영상 촬영에 앞서 학생들은 강의 원고를 작성합니다. 선생님이 수업 영상 또는 실시간 수업을 통해 전달한 내용을 토대로 강의 원고를 직접 써보는 것입니다. 이렇게 작성한 원고로 몇 차례 리허설을 해봅니다. 말로만 설명할지, 글씨와 그림을 곁들여가며 설명할지 각자 마음에 드는 방법을 선택합니다.

　리허설 도중 설명하기 힘든 부분이 있거나 설명이 막힌다면 본인이 아직 내용을 다 이해하지 못한 것이므로 선생님에게 추가 설명을 요청해 다시 정리해서 재촬영해보라고 알려줍니다. 직접 설명하는 것이 익숙하지 않다 보니 처음엔 어색할 수 있는데 자신이 이해한 만큼 설명하면 된다고 격려해주면 됩니다. 스스로 정리해서 공부하는 방식이 몸에 배어 있지 않은 학생들은 이 과정을 어려워할 수 있으니 너무 많은 양을 제시하지 않도록 적절히 양을 조절

합니다. 여러 차례 연습하고, 동영상을 찍다가 마음에 들지 않으면 다시 찍을 수 있어서인지 꽤 높은 완성도의 결과물을 만들어내는 학생들도 많습니다.

촬영을 마친 동영상을 보낼 구글 설문조사 링크를 학생들에게 보냅니다. 이때는 구글 설문조사 파일 업로드 기능을 활용하면 됩니다.

과제 방법을 조금 달리해 학생들이 교과서에서 각각 다른 부분을 맡아서 설명하고 이것을 이어서 하나의 강의로 합칠 수도 있습니다. 이 경우 우리가 정리한 우리만의 동영상 교재가 완성되는 것이며, 추후 복습 단계에서 반복 활용할 수 있습니다. 수업의 흥미를 높이기 위해 학생들이 선생님이 말투나 평소 옷차림을 따라 하는 등 코너 속 코너로 '선생님을 웃겨라'를 진행하는 방식도 고려해볼 수 있습니다.

🎯 복습 문제 직접 출제하기

수업 형태	• 과제 수행 중심 수업 • 실시간 쌍방향 수업	활동 유형	• 개인 활동
활동 도구	• 패들렛, 잼보드, 카카오톡 오픈 채팅		

    이 활동은 학생들이 배운 내용을 얼마나 이해했는지 확인하면서 수업에 적극적으로 참여시킬 수 있는 활동입니다. 수업 시간에 배운 내용을 바탕으로 학생들이 복습 퀴즈를 만들어서 다른 학생들에게 풀어보도록 하여 서로에게 복습할 수 있는 기회를 제공합니다. 수업에서 배운 내용을 수동적으로 이해하는 것이 아니라 친구들에게 어떻게 하면 좋은 문제를 출제할지 고민하면서 복습이 일어나고 어떤 내용이 중요한 내용인지 파악하게 되는 장점이 있습니다. 자신이 출제한 문제를 풀기 위해 친구들이 고민하는 모습을 상상하는 것만으로도 아이들은 퀴즈 만들기에 열의를 보입니다.

    먼저 교사는 학생들에게 배운 내용에서 어느 부분이 중요한지 되짚어보게 하고 어떤 종류의 퀴즈를 제작할지 방법도 생각해보게 합니다. OX 퀴즈, 객관식, 단답형, 서술형 문제 등 복습 문제의 유형을 알려주고 각 문제를 어떤 식으로 제출해야 하는지 요령을 설명합니다. 교사가 예시 문제를 만들어서 복습 퀴즈에 어떤 내용이 들어갈지 보여주면 좋습니다. 그리고 학생들에게 문제를 출제할 부분을 배정해줍니다.

학생들은 문제를 어떤 유형으로 제작할지 생각해보고 도움이 필요하면 선생님과 상의합니다. 이 활동의 핵심은 어떤 내용이 중요한지 학생 스스로 판단해보면서 배운 내용을 적극적으로 자신의 것으로 만드는 데 있습니다. 따라서 문제 출제보다 더 중요한 것은 내용의 이해 및 복습이므로 적극적으로 선생님과 의사소통하는 것이 필요합니다.

학생들이 출제한 문제를 사진으로 찍어서 패들렛, 구글 잼보드에 올리면 제비뽑기 등의 방법으로 매칭된 학생이 해당 문제를 풉니다. 문제를 다 푼 후 사진을 찍어서 답글 형식으로 파일을 제출하면 됩니다.

가끔 다른 학생들이 틀리게 하려고 지엽적인 문제를 출제하는 경우가 있습니다. 이 활동은 친구들이 중요한 내용을 이해하고 있는지 확인하는 활동이기 때문에 너무 지엽적인 문제를 출제하지 않도록 사전에 안내하는 것이 필요합니다.

활동을 마친 후 학생들이 출제한 문제를 한데 모아 온라인 학습 플랫폼에 올려서 워크북으로 사용해도 좋습니다.

개인별 문제 출제지

자기 이름이 있는 번호 순으로 문제를 만드세요.

Instruction: 6과 내용 중 객관식 내용, 어법 포함해서 (최소) 5문제, 서술형 문제 2문제를 출제하세요.

sample
1. Which of the following is not true according to the passage? (본문 전체)
① The train is from Wasington, D.C..
② The older man is the police officer.
③ Miss Fairchild was Mr. Easton's first love.
④ The handsome man's right hand was handcuffed to the other man's left hand.
⑤ The older man lied for the handsome man.

다음은 학생별 문제 번호입니다.

57. Translate the sentence into English in full sentence.
그는 처음에 부끄러운듯 했으나 금방 마음을 다잡고 그녀의 손가락을 그의 왼손으로 잡았다.
_____
_____

58. What is wrong? Select all.
   1. He has writing a book.
   2. Ahn Jae Min has been to England yesterday.
   3. Kim Jun Ho has studied English since 1999.
   4. Wow, what fancy computer!
   5. Miss Fairchild has been my first love for 15 years.

59. Translate the sentence into English in full sentence.
나는 많은 직업을 가졌었지만, 지금은 ......
_____
_____

60. What is wrong according to the passage? Select all.
Seven years later, Mr. Easton was out of prison. One day, when he was walking down the street, he ran into Miss Fairchild.
   1. Mr. Easton was in the prison
   2. Mr. Easton has been in the prison for 7 years.
   3. Mr. Easton crashed into Miss Fairchild.
   4. Miss Fairchild is married.
   5. Mr. Easton was walking on the street.

61. What is wrong about William Sydney Porter?
   1. He is born in 1862.
   2. He lived for 48 years.
   3. He made a lot of story.
   4. He was born in England.
   5. He wrote many famous stories.

62. What is wrong? Select all.
   1. It has been such a long time.
   2. I have had many different jobs.
   3. I have knowed him since I was a little child.
   4. I have never been to Paris.
   5. I have just finshed my homework.

🎯 보드게임으로 학습 내용 복습하기

수업 형태	• 실시간 쌍방향 수업	활동 유형	• 개인 활동 • 모둠 활동
활동 도구	• 플립피티		

    이 활동은 '부루마블'이라는 보드게임의 형태를 이용하여 학습 내용을 정리하는 활동입니다. 오프라인 수업에서도 학생들이 흥미를 보이며 즐겁게 참여했던 활동으로, 어려운 개념을 다양하게 응용하는 연습이 필요할 때나 반복적인 복습이 필요할 때 유용하게 활용할 수 있었습니다.

    흥미와 학습이라는 두 마리 토끼를 다 잡을 수 있는 활동이지만 오프라인 수업에서는 준비해야 할 것들이 많아 쉽게 진행하기는 어려울 수도 있습니다. 보드게임 판, 말, 주사위, 카드 등 손수 제작한 도구들이 필요하고, 모둠별로 활동하기 위해선 도구들이 모둠 수만큼 있어야 하기 때문입니다. 그러나 온라인으로 본 수업을 진행하면 이 모든 단점을 보완할 수 있습니다. 보드게임 수업을 위한 세팅만 한 번 해두면 되기 때문입니다.

수업 준비를 위해 플립피티flippity.net에 접속합니다. 구글 스프레드시트와 연동되기 때문에 크롬으로 창을 열어 활용해야 합니다.

○ [플립피티 보드 게임]을 선택하고 [템플릿]을 클릭하여 세팅을 진행합니다.

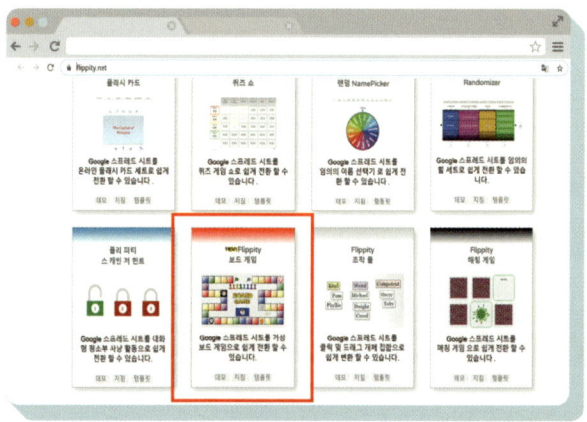

문서 복사 창에서 [사본 만들기]를 클릭하면 세팅을 위한 스프레드시트 창이 열립니다. 하단의 탭을 먼저 살펴보면 'Board Game', 'Card Deck 1', 'Card Deck 2' 'Materials', 'Get the Link Here'로 나뉘어 있습니다.

• Board Game : 보드게임 판의 색상과 이미지를 변경할 수 있으며 문제를 넣을 수 있습니다.
• Card Deck 1, 2 : 카드의 종류(보너스 카드/함정 카드)별로 내용을 설정

할 수 있습니다.
- **Materials** : 말의 모양, 카드 모양 등을 변경할 수 있습니다.
- **Get the Link Here**: 보드게임 세팅을 완료한 후 해당 링크를 공유할 수 있습니다.

이런 설정을 완성하면 아래와 같은 보드게임 판이 생성되며 이를 학생들과 공유할 수 있습니다. 각각의 설정 방법을 간단하게 설명하도록 하겠습니다.

○ Board Game 설정하기

이 탭에서는 보드게임 판의 색상이나 이미지를 설정할 수 있습니다. 122쪽 그림의 '1' 부분 설정을 변경하면 됩니다. 색상 입력 외에 space 10, space 18번과 같이 말이 놓일 자리의 칸 번호를 입력하면 이미지가 판에 삽입됩니다. 이미지를 활용하면 좀 더 재미

있게 보드게임을 진행할 수 있습니다. 예를 들면 다음과 같습니다.

- **교과 내용과 관련한 이미지를 넣는다** : 해당 칸에 진입하면 관련 내용을 설명한다. 예: 과학과 '태양계' 학습 시, 행성 이미지 삽입 (해당 칸에 말이 오면 행성의 특징을 설명해야 함)
- **카드 이미지를 넣는다** : Card Deck을 활용하기 위해 카드 모양이나 특정 형태의 이미지를 몇 개의 칸에 동일하게 넣고 해당 칸에 진입하면 카드를 뒤집을 수 있다.
- **동물 이미지를 넣는다** : 해당 칸에 진입하면 이미지에 있는 동물 흉내를 내야 한다. (성대모사나 흉내를 재밌게 낼 수 있는 이미지를 활용해도 좋음)

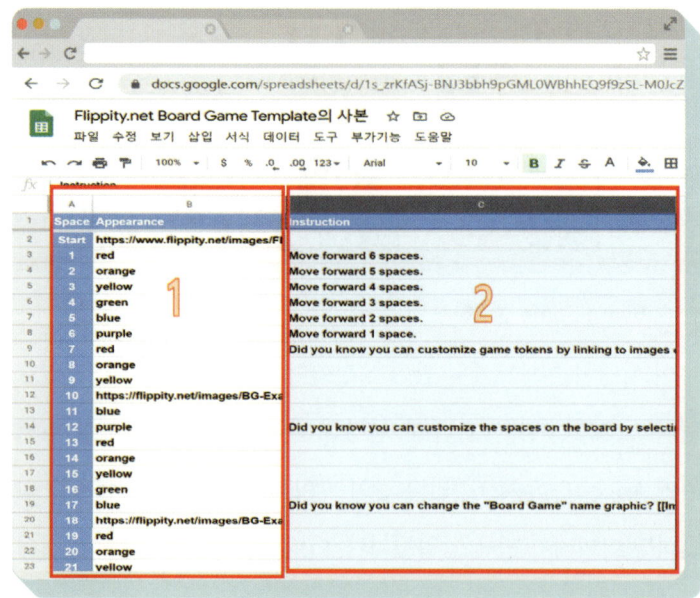

122쪽 그림의 '2' 부분은 해당 칸별 수행해야 하는 문제나 미션을 기록하는 부분입니다. '2' 부분의 셀 내용을 모두 지우고 사용하면 됩니다. 이미지 주소나, 동영상 주소를 기록하면 이미지나 동영상을 삽입할 수도 있습니다. 반드시 모든 칸에 문제나 미션을 채울 필요는 없습니다. 빈칸은 쉬어 가는 칸으로 생각하면 됩니다.

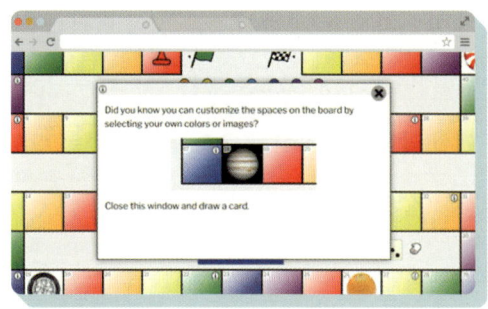

모든 칸을 문제로 제시해도 좋고 재미와 흥미를 더하기 위해 미션으로 채워 넣어도 좋습니다. 예를 들면 다음과 같습니다.

- 앞으로 3칸 이동
- 뒤로 5칸 이동
- 꽝! 출발 칸으로 다시 이동
- '나는 ○○과목이 제일 좋아요' 3번 외치기
- 우리 반에서 이름에 받침이 없는 학생 5초 안에 3명 말하기
- 곱셈 공식 10초 안에 5개 말하기(모둠이 한 팀으로 게임을 진행한다면 모둠이 함께 수행할 미션을 제공하는 것도 좋습니다.)

◯ Card Deck 설정하기

Card Deck(카드덱)은 게임의 흥미를 돋우기 위한 장치입니다. 따라서 필수적인 설정은 아니지만 좀 더 여유가 된다면 이를 이용하여 학생들의 적극적인 참여를 이끌어낼 수 있습니다. Card Deck은 1과 2로 나뉘는데 1을 행운 카드, 2를 함정 카드로 기능하도록 나누어도 좋고 1에만 행운과 함정 관련 내용을 섞어 설정해도 됩니다. 카드덱에도 이미지나 동영상 주소를 넣어 활용할 수 있으며 'Answer'에 답을 넣어서 학생들이 미션을 수행하면 보상을 더하고 수행하지 못하면 함정 미션을 더하는 방법도 있습니다.

▷ 카드덱에 이미지나 영상을 넣는 방법
- **이미지 넣기**: 셀에 [[image:이미지주소]] 입력
  예) [[image:https://search.pstatic.net/common/]]
- **영상 넣기**: 셀에 [[영상 주소]] 입력
  예) [[https://youtu.be/u6d9Eeg1jok]]

▷ 이미지나 영상 전후에 텍스트 입력 가능

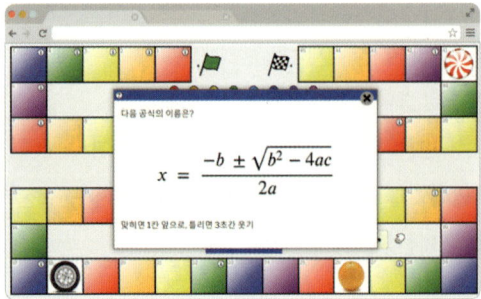

◎ Materials 설정하기

말의 모양(Token)이나 카드 모양, 폰트 등을 변경할 수 있으며 꼭 변경하지 않고 사용해도 좋습니다.

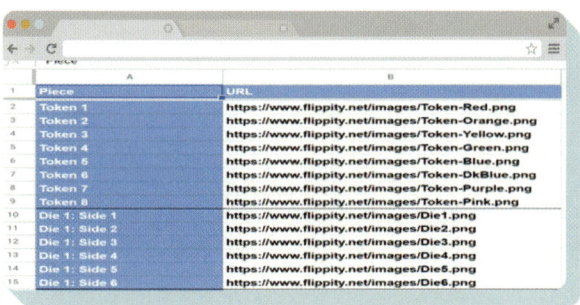

◎ Get the Liink Here 설정하기

링그를 복사해서 학생들에게 전달하면 보드게임을 시직힐 수 있습니다. 단, 그 전에 반드시 [파일]에서 [웹에 게시]를 눌렀을 때 설정을 저장해야 오류가 나지 않습니다. [웹에 게시]를 누르면 뜨는 주소는 스프레드시트 주소이므로 이를 공유하면 안 됩니다. 스프레드시트 안에 있는 파란색 링크 주소를 복사하여 공유해야 합니다.

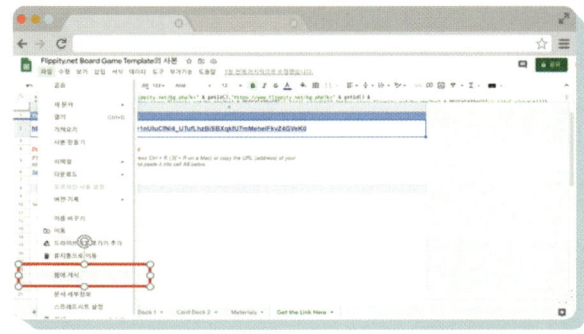

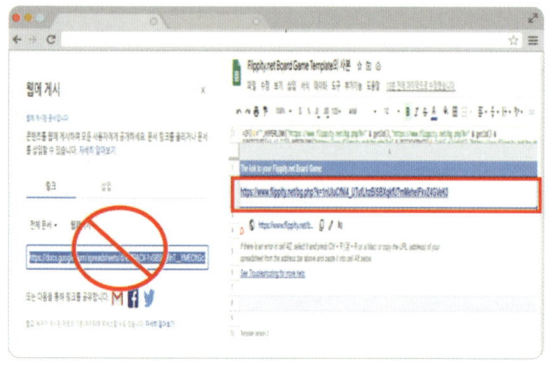

　이로써 모든 준비가 끝나면 학생들에게 활동을 안내합니다. 이 활동은 실시간 화상 수업에서 소회의실 기능을 활용하여 4~6명이 참여할 수 있고, 학급 전체가 모둠을 짜서 해볼 수도 있습니다. 학급 전체가 활동할 경우 모둠 구성원들끼리 순서를 정하여 돌아가며 주사위를 굴리고 말을 이동합니다.

　플립피티의 아쉬운 점은 게임의 진행 상황이 실시간으로 전달되지 않는다는 것입니다. 따라서 소회의실 기능을 활용하여 모둠별로 활동하거나 학급 전체가 활동할 때도 대표 한 사람이 화면을 공유하고 게임의 진행을 주도해야 합니다. 말을 움직이거나, 카드를 뒤집거나, 문제 열어 확인하는 역할을 할 학생 한 명도 선정해야 합니다. 문제나 미션을 수행하는 데 학생들이 어려움이 없으면 모둠별 활동을, 교사의 피드백이 필요하거나 학생들이 게임에 익숙하지 않다면 모둠을 짠 후 학급 전체로 진행해 보는 것을 추천합니다.

🎯 구글 설문지로 영상 학습과 복습 퀴즈를 한 번에

수업 형태	• 콘텐츠 활용 수업 • 과제 수행 중심 수업	활동 유형	• 개인 활동
활동 도구	• 구글 설문지, 화면 녹화 프로그램		

　구글 설문지(퀴즈)를 활용하는 활동으로, 학생들은 수업 영상을 학습하고 그 자리에서 퀴즈로 배운 내용을 복습할 수 있습니다. 영상 학습에 이어 곧바로 퀴즈를 푸는 구성의 활동이라면 무엇이든 다 가능하다는 장점이 있어 학습 효율성이 높습니다.

　이 활동은 다양한 교과에서 활용할 수 있는데 예를 들어 국어과에서는 음운의 발음 원리를 이해하고, 스스로 문제를 풀며 내용을 확인하도록 할 수 있습니다. 영어과에서도 교사의 발음을 듣고 학생들이 발음을 따라 하는 영상을 찍어 복습할 수 있고, 수학과에서는 교사의 문제 풀이 영상을 본 뒤 학생이 같은 원리로 문제 풀이를 할 수 있습니다. 교사의 시범이 중요한 예체능 교과에서도 교사의 시범 영상을 본 뒤 학생 활동으로 이어질 수 있습니다.

이 활동을 위해서는 먼저 구글 설문지를 퀴즈로 설정하여, 문제를 작성해두어야 합니다. 영상을 설문지 내부에 포함시키려면 사전에 영상을 찍어 유튜브에 올려두고 구글 설문지에 링크를 겁니다. 학습지가 다 완성되면 학생들에게 설문지를 링크로 제공합니다.

영상을 찍을 때는 미리 배부된 학습지를 한쪽에 띄워놓고 한쪽에 교사의 얼굴이 나오게 한 상태로 화면 녹화 기능을 활용합니다. 이렇게 하면 학습지와 교사의 영상을 함께 보게 되어 학생들의 이해를 도울 수 있습니다. 예를 들어, 국어 음운의 원리라는 단원을 설명할 때 입 모양을 중심으로 촬영을 하여 학생들이 음운의 원리에 대해 이해하도록 하고, 영상을 본 후 구글 설문지에 있는 문제를 바로 풀면서 학습 내용을 확인하도록 합니다.

교사 입장에서 구글 설문지는 영상 및 사진 자료 업로드가 가능하여 완성도 있는 퀴즈를 만들기 쉽습니다. 학생 입장에서는 정답 제출과 동시에 자신의 점수를 알 수 있어서 즉각적인 피드백을 받을 수 있습니다. 구글 설문지 퀴즈는 객관식, 서술형, 체크박스 등 다양한 형태의 문제를 제작할 수 있어서 여러 과목에서 활용도가 높습니다. 특히 학생들이 교사의 영상을 보고 나서 배운 내용을 곧바로 퀴즈를 통해 확인할 수 있어서 학습을 좀 더 능동적으로 하게 해준다는 장점이 있습니다.

○ [영상 추가 버튼]을 눌러 유튜브의 영상을 연결합니다.

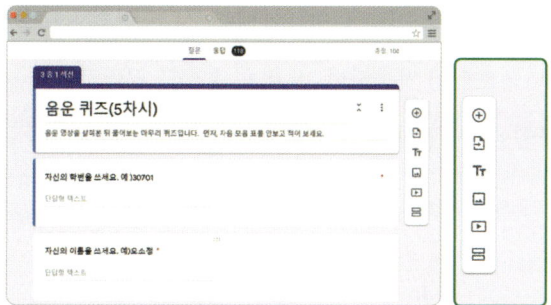

○ 다음과 같이 퀴즈 내에 이미지 첨부가 가능합니다.

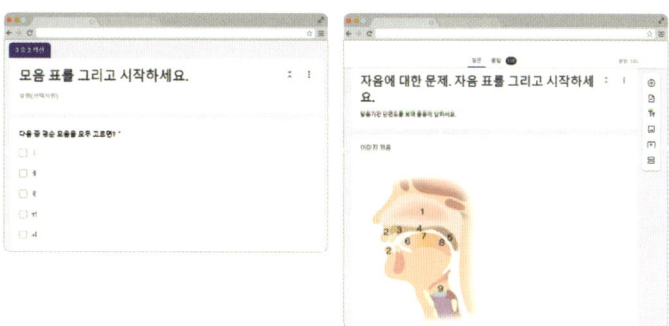

○ 응답과 동시에 개별 피드백이 가능합니다.

향후 출석 체크와 같은 행정적인 절차를 위해 학생들이 자신의 학번, 이름을 정확히 적도록 안내합니다. 설문 결과는 구글 시트 (엑셀)로 다운로드가 가능하며, 반 번호 순으로 정렬하여 학생들의 응답을 확인할 수 있습니다.

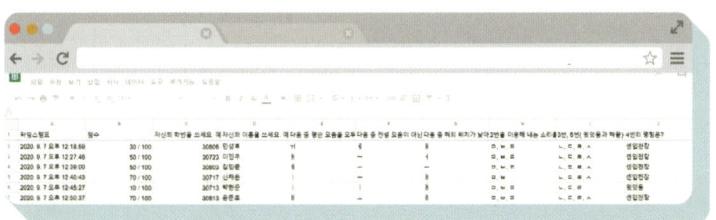

퀴즈 정답과 배점을 입력해두었을 경우 학생들은 제출과 동시에 답을 확인할 수 있습니다. 이때 객관식은 크게 상관없지만 주관식 (서술형)은 답을 특정하기 애매한 경우가 있으므로 '~과 비슷한 내용이면 정답'이라는 부분을 추가해주면 좋습니다.

이 수업을 좀 더 심화하고 싶다면 학생들이 교사의 입 모양을 따라 직접 발음한 영상을 과제물로 제출하게 할 수 있습니다. 영어, 국어 중국어 등 언어를 다루는 과목에서 활용이 가능합니다. 예체능 교과에서도 교사의 시범 영상을 본 뒤 학생이 따라서 영상을 제출하는 수업으로도 활용하면 됩니다. 학생들이 파일을 제출할 때에는 구글 설문조사의 파일 업로드 기능을 활용하면 됩니다.

학생들은 이 활동에 대해 영상을 학습함과 동시에 바로 학습 내용을 확인할 수 있어서 좋다는 반응을 보였습니다. 또한, 교사의 시범 영상을 통해 자신들이 학습을 따라 할 수 있다는 점이 매우 좋았다고 합니다. 배운 내용을 바로 익히니 이해가 쉬웠고 기억에 잘 남아 효율적인 학습이 이루어질 수 있었다는 이야기도 덧붙였습니다.

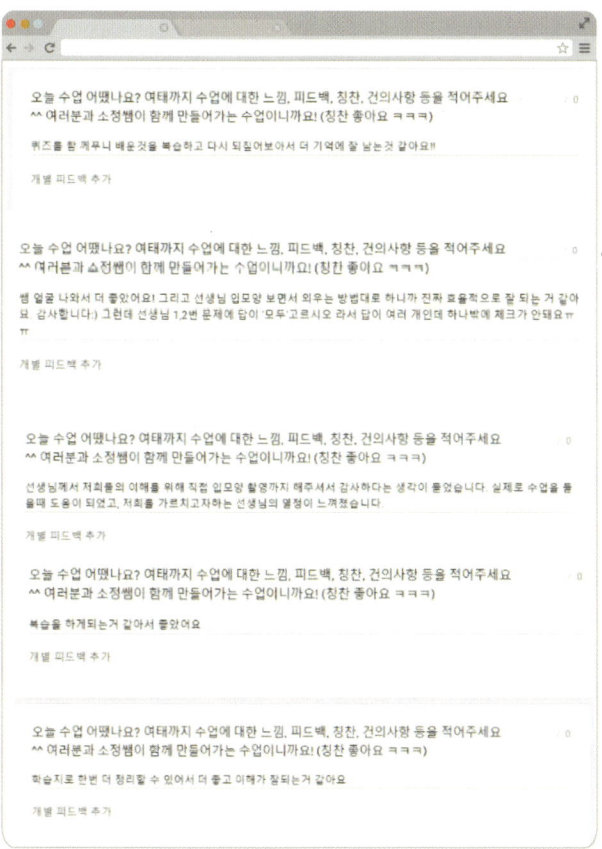

이렇게도 할 수 있어요!

수학과 사례: 수와 연산, 문자와 식 단원에서 구글 설문조사 퀴즈를 활용해 문제를 주고 답을 작성하게 했습니다.

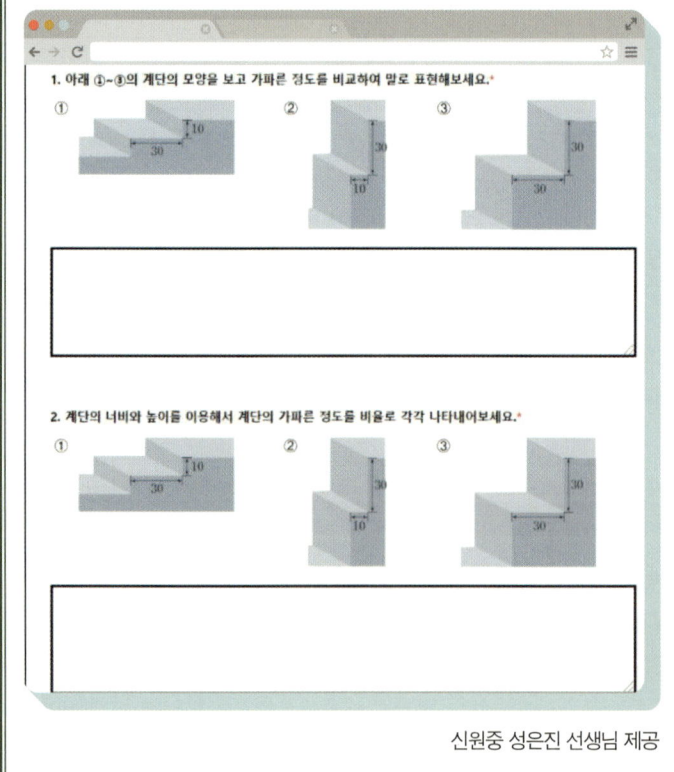

신원중 성은진 선생님 제공

🎯 온라인 발표 수업

수업 형태	• 콘텐츠 활용 수업 • 과제 수행 중심 수업 • 실시간 쌍방향 수업	활동 유형	• 개인 활동
활동 도구	• 망고보드, 구글 문서		

    학생들이 제재를 선택해 직접 소개하는 말하기 혹은 발표하기 는 오프라인 수업에서 많이 해온 활동입니다. 하지만 온라인의 장점을 잘 활용하면 온라인 수업에서 더욱 알차게 진행될 수 있습니다.

    온라인에서는 학생들이 직접 자신의 발표 모습을 모니터링하고 피드백을 받을 수 있다는 장점이 있습니다. 오프라인에서는 본인의 발표를 별도로 촬영하지 않는 이상 발표 모습을 다시 볼 수 없고 다른 학생들이나 교사의 피드백으로만 발표 자세나 태도, 말투, 내용 등을 점검하게 됩니다. 반면에 온라인 수업에서는 발표 영상을 제작하면서 자신의 장단점을 파악하여 수정 보완하며 재촬영하는 과정을 거칠 수 있습니다.

    또한 발표를 준비하기 위해 차분하게 자신이나 제재에 대해 깊게 생각할 시간이 확보되고, 대중 앞에 서는 것에 부담을 느끼거나 자신감이 부족한 학생들에게는 쑥스러움을 이겨내고 연습할 수 있는 기회가 된다는 점도 온라인으로 활동할 때 기대되는 장점입니다. 다른 학생들과 발표 내용이나 준비 과정을 공유하면서 자신의 부족한 점을 보완하게 되어 자연스럽게 과제의 완성도를 높일 수 있습니다.

다음은 고등학교 입시를 앞둔 중학교 3학년 학생들을 대상으로 한 '자기소개'를 온라인 발표 수업으로 한 사례입니다.

발표 준비를 위해 먼저, '망고보드'를 통해 자기소개서를 작성할 수 있는 활동지를 마련합니다. 자기소개 쓰기나 말하기 활동을 많이 해봤을 학생들이 식상하게 여기지 않고 모두의 흥미를 끌어낼 수 있도록 학습지 형태 대신 디자인적 요소가 돋보이는 망고보드를 활용했습니다. 질문은 최대한 구체적으로 작성하는 것이 좋고 입시를 앞둔 학생들은 진학(또는 입시)과 관련 있는 질문을 만들면 적극적으로 참여하는 데 도움이 됩니다.

콘텐츠형 수업이나 실시간 화상 수업을 통해 자기소개서 작성하는 방법을 안내합니다. 안내는 최대한 구체적으로 하며, 다양한 예시를 많이 보여주는 것이 좋습니다. 또한 다른 사람에게 함부로 공개하거나 쓰기 어려운 내용은 굳이 적지 않도록 유의사항을 안내합니다. '솔직하게 작성해야 한다'는 교사의 안내 때문에 고심해서 자신의 비밀을 공개하거나 굳이 자기소개에 들어가지 않아도 될 내용을 작성하는 친구들도 있습니다. 공개될 수 있는 내용임을 안내하고 주제에 적합하게 자신이 감당할 수 있는 선 안에서 경험을 살려 작성할 수 있도록 도와주는 것이 효과적입니다.

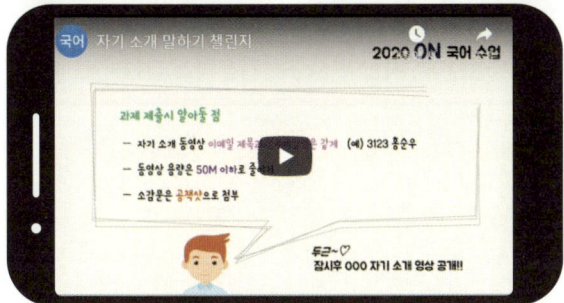

온라인 수업 실천 사례

자기소개서 작성하기

질문의 예
- 자기주도적으로 무언가를 해본 경험과 그 경험을 통해 느낀 점은 무엇인가요?
- 가장 인상 깊게 읽은 책은 무엇이며 책을 읽고 새롭게 깨닫거나 생각한 것은 무엇인가요?
- 본인의 인성(배려, 나눔, 협력, 타인 존중, 규칙 준수 등)을 나타낼 수 있는 경험 사례와 이를 통하여 새롭게 배우고 느낀 점이 있다면 무엇인가요?

자기소개서 작성 시 유의점
- 해당 질문과 관련 있는 자신의 경험을 떠올린다.
- 경험을 통해 깨달은 점이나 느낀 점을 위주로 쓴다.
- 실수한 경험이나 실패했던 경험도 솔직하게 쓴다. 단, 그 경험을 통해 변화된 자신의 모습이나 가치관을 이야기한다.
- 자기소개를 작성한 후, 자신이 꿈꾸는 자신의 모습을 가운데에 그려 넣는다.

해당 질문에 대해 자신의 실제 경험을 중심으로 작성할 수 있도록 방법을 안내한 후에는 관련된 경험 나누기를 진행합니다. 경험 나누기에 충분한 시간을 들여야만 의미 있는 이야깃거리를 찾을 수 있습니다. 사소한 경험도 의미를 부여할 수 있고, 그런 시간들이 쌓여서 지금의 '나'가 있다는 사실을 확인해주는 것도 좋습니다.

경험을 나눌 때는 소극적인 학생들이 많은 학급의 경우 잼보드나 패들렛 등을 사용하여 정리할 수 있도록 도와주면 원활한 수업 진행이 가능합니다. 실시간 수업이 익숙한 학급이라면 실시간 화상 수업으로 학생들과 돌아가며 의견을 나누어도 좋습니다.

충분히 의미 있는 경험을 찾은 후에 자기소개서를 쓰도록 하고 작성 후에는 모둠별로 의견을 나눌 수 있도록 구글 공유 문서를 만들고 링크를 공유합니다. 학생들이 공유 문서에 서로 댓글을 달아 첨삭할 수 있도록 합니다. 작성한 자기소개서를 바탕으로 발표 연습을 한 뒤 최종 발표 영상 1개와 소감문을 과제로 제출하도록 안내합니다.

이 활동은 오프라인 수업과 연계하여 블렌디드 수업 활동으로 진행할 수 있습니다. 자기소개 수업도 온라인에서 연습한 내용을 바탕으로 실제 자기소개 발표하기 수행평가로 진행하였습니다. 이때, 발표를 듣는 학생들에게 평가표를 제작하여 나누어주고 돌아가면서 면접관이 되어 질의응답을 하는 시간을 가졌습니다. 입시를 앞둔 학생들이어서 그런지 진지하게 참여하는 모습이 인상적이었고 온라인에서 충분한 준비 및 연습 기간을 가진 덕분에 대부분의 학생들이 질 높은 발표를 이어갈 수 있었습니다. 면접관 역할을 맡은 학생들 중에는 자신이 연습하면서 고민했던 부분이나 어려웠던 점을 바탕으로 날카로운 질문을 하는 학생들도 보였습니다. 이후 학생들에게 소감을 묻자, 면접관 역할을 하면서 자신의 발표나 자기소개서의 단점을 보완할 수 있게 된 것 같다는 답변도 들었습니다.

온라인 발표 수업 후기를 통해, 본 수업이 학생들에게 오프라인 수업보다 좀 더 의미 있게 다가갔음을 확인할 수 있었습니다. 자신의 실제 삶과 연계된 활동이어서 집중도가 높기도 하였고, 이런 것을 체계적으로 연습할 기회가 없었기 때문에 좋았다는 반응이었습니다. 자신의 발표 모습을 보면서 부족한 점이 무엇인지 알았고 그것을 보완해가면서 발표 영상을 만들었더니 한층 성장한 느낌이 들었다는 답변과, 자신의 목표를 더욱 공고히 할 수 있었으며 삶을 반성하게 되었다는 뿌듯한 답변도 있었습니다.

온라인 수업 실천 사례

🎯 오픈 채팅방을 이용한 실시간 모둠 토의

수업 형태	• 실시간 쌍방향 수업	활동 유형	• 모둠 활동
활동 도구	• 카카오톡 오픈 채팅, 구글 문서		

    실시간 화상 수업이 부담스럽거나 화상 수업 진행이 어려운 상황에서 실시간 쌍방향으로 토의 수업을 진행할 수 있는 방법입니다. 많은 학생들이 즐겨 사용하는 카카오톡이라는 매체를 활용하여 바로 바로 의견을 교환하며 수업을 진행할 수 있어 편리합니다. 또한 화상 수업과 달리 학생들의 접근성과 심적 부담감이 덜하여 좀 더 적극적으로 활동에 참여할 수 있다는 장점이 있습니다. 꼭 실시간 쌍방향 수업이 아니더라도, 콘텐츠 활용 수업 도중이나 수업 후에 질의응답 또는 피드백이 필요할 때에도 활용할 수 있으며, 수업에서 전체 토의나 모둠 토의가 필요할 때에도 활용 가능합니다.

    이 활동을 위해서는 먼저 오픈 카카오톡방(이하 오픈 채팅방)을 개설하는 것을 추천합니다. 오픈 채팅방을 활용하면 선생님의 개인 연락처나 프로필을 오픈하지 않아도 되고, 학생들 또한 사생활 공개 없이 수업용으로만 카톡을 활용할 수 있게 됩니다. 오픈 채팅방을 개설할 때에는 카카오톡 채팅 목록 오른쪽 상단 '말풍선 더하기' 모양을 누르면 됩니다. 아래와 같은 화면에 방 이름을 입력하면 1:1 채팅방이나 그룹 채팅방으로 개설할 수 있습니다. 반 전체나 모둠 토의를 진행하고자 한다면 그룹 채팅방을 개설합니다.

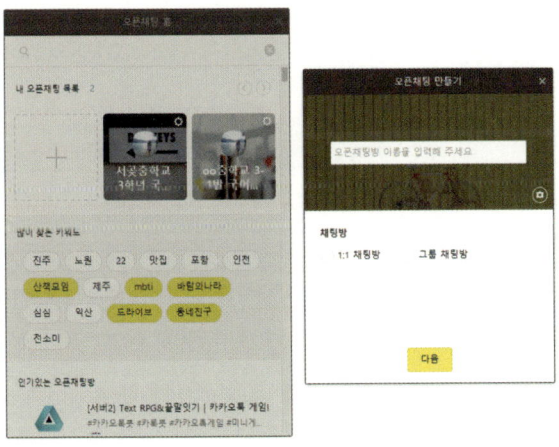

오픈 채팅방을 개설한 후, 수업에 참여하는 학생 전체에게 공지할 수 있는 플랫폼(구글 클래스룸, 클래스팅, 밴드 등)에 정해진 교시나 시간에 접속할 수 있도록 시간과 오픈 채팅방 링크 주소를 안내합니다. 오픈 채팅방에 참여하기 전에 지켜야 할 약속이나 규칙을 정해두면 수업을 원활하게 진행하는 데 도움이 됩니다.

오픈카톡을 이용한 토의 수업 시 유의할 점 (사전 안내 사항)

- 오픈 카톡 프로필은 반드시 자신의 학번과 이름으로 할 것
- 저작권 관련 사전 교육(캡처 금지, 출처 확실한 자료만 활용 등)
- 채팅방 예절 교육(주제와 관련 없는 내용이나 사적인 잡담 지양, 진지하게 참여, 'ㅋㅋㅋ'이나 'ㅎㅎㅎ' 등으로 도배하지 않기, 다른 사람의 의견 존중하기, 모두의 참여 독려하기 등)

링크 주소를 안내할 때, 토의 주제나 역할 등을 미리 공지합니다. 토의할 내용에 대한 학습지를 미리 배부해 학생들이 토의 주제에 대해 생각을 미리 정리해 놓는 것이 좋고, 모둠 토의 시 모둠원과 역할을 미리 나누어 놓는 것도 좋습니다. 교사는 모둠원을 사전에 나눈 후 모둠장을 정하여 각 모둠이 활동할 오픈 채팅방을 개설해 놓도록 지도합니다. 모둠원의 역할을 명확하게 명시해야 토의의 질이 높아질 수 있습니다.

○ 모둠 토의에서 모둠원의 역할

모둠장(1명): 모둠 오픈 채팅방 개설, 모둠원 출석 확인, 토의 진행

부모둠장(1명): 참여 독려 및 주의 집중 역할, 대화 내보내기

질문 도우미(1~2명): "그렇게 생각한 이유는 뭐야?", "○○은 어떻게 생각해?" (토의 밀도 높이기)

칭찬 도우미(1명): 친구의 참여에 칭찬(수업에 어려움을 느끼는 친구들에게 칭찬 도우미 역할을 부여하여 참여 독려)

○ 학습지 사전 제시

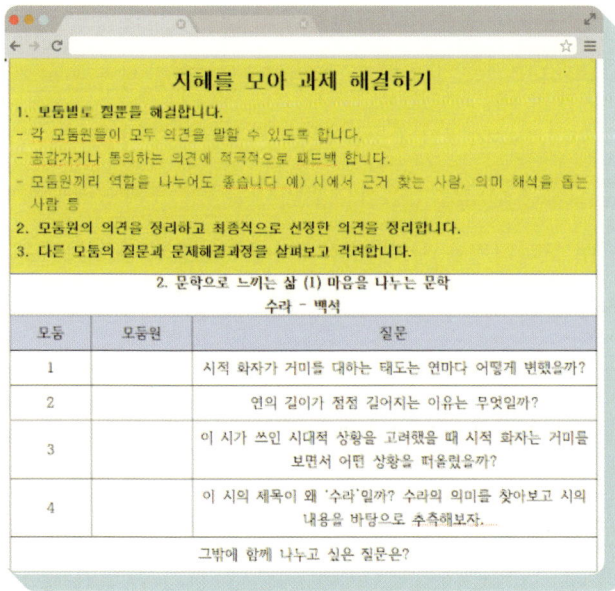

학생들은 정해진 시간에 오픈 채팅방에 접속해 선생님으로부터

수업 참여 방법 안내를 듣습니다. 미리 받은 학습지와 모둠을 확인하고 모둠장이 모둠별 오픈 채팅방 링크를 제시하면 링크에 들어가 정해진 활동을 하면 됩니다. 선생님은 모둠별 오픈 채팅방에 함께 들어가서 학생들의 진행 상황을 모니터링합니다. 모든 학생이 채팅방에서 활발하게 참여하기란 어려우므로 자신의 역할에 충실하도록 돕습니다. 그리고 한 사람만 의견을 제시하고 답을 찾는 형태가 되어선 안 되기 때문에 모둠 토의 시작 단계에서 토의 주제에 대해 모두 의견을 말하는 시간을 가져야 합니다. 이후로 의견에 대한 근거 찾기나 질문의 심화가 이루어질 수 있도록 해당 역할을 맡은 사람이나 모둠장이 "좋은 의견이야. 그렇게 생각한 이유는 뭐야?" 등의 이끌어내기 활동을 하면 됩니다. 간혹 이 모든 과정이 어려운 모둠은 선생님이 직접 개입해서 활동을 도와도 좋습니다. 선생님이 모니터링을 할 때는 컴퓨터에 카카오톡 프로그램을 설치하여 모둠별 채팅방을 모두 띄워놓으면 상황을 전체적으로 확인할 수 있고 수업 진행과 학생 관리를 원활하게 할 수 있습니다.

이 활동에서는 교사의 적절한 개입이 토의의 질을 높일 수 있으므로 학생들의 의견이 토의의 지향점을 향해 갔을 때 참여를 격려하고 적극적으로 칭찬하는 것이 중요합니다. 카카오톡의 답장 기능을 활용하면 특정 의견에 대하여 피드백 제공이 가능하니 이 기능을 적극 활용하시면 좋습니다. 마치 교실 수업에서 모둠 토의를 할 때 교사가 순회를 하며 학생 참여를 독려하는 것과 같습니다.

온라인 모둠 토의의 장점은 놓친 부분을 다시 채팅방에서 확인할 수 있다는 점입니다. 오픈 채팅방의 '대화 내용 내보내기' 기능을 통해서 대화 내용을 다시 확인함으로써 과정 평가도 이루어질 수 있습니다. 모둠 수는 4개 정도로 구성하는 것이 적당합니다.

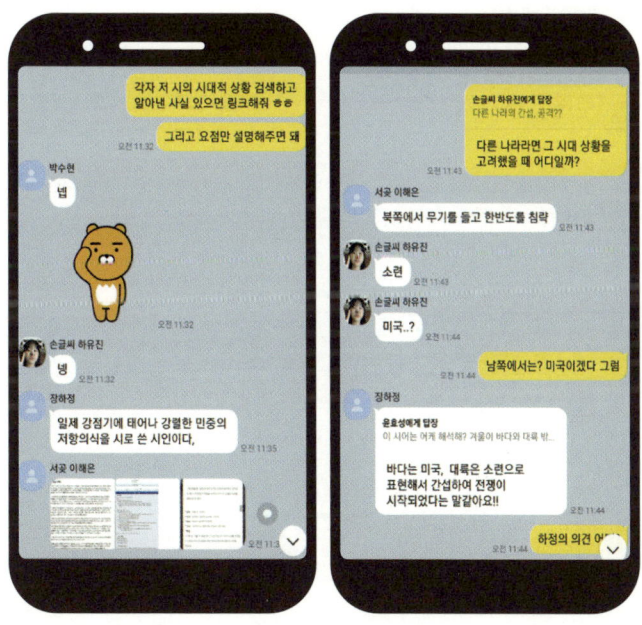

이 수업 후에는 구글 공유 문서에 모둠의 대화 내용을 복사해서 붙여 넣은 후, 이를 바탕으로 한 학습지(구글 공유 문서)에 내용을 정리해서 다시 작성하는 활동으로 이어집니다.

--------------- 2020년 7월 20일 월요일 ---------------
[윤효성] [오전 11:21] 우리 얼마 전에 수행평가 했잖아 4가지 관점해서 문학작품 분석하는 거
[30904이해은] [오전 11:21] 네
[윤효성] [오전 11:21] 그걸 모둠으로 한다고 생각하고 문제를 해결해보자
[윤효성] [오전 11:21] 사진
[윤효성] [오전 11:21] 신동엽의 '봄은'이란 시인데 이걸 먼저 내재적 관점에서 분석해 보자.
[윤효성] [오전 11:21] 여러분이 자유롭게 얘기해봐요 :)
[윤효성] [오전 11:22] 틀려도 돼 ㅋㅋ
[윤효성] [오전 11:22] 만약 카톡 대화를 평가를 한다고 하면 적극적으로 참여해서 많이 말하는 사람이 좋은 점수를 받겠지?
[30909박수현] [오전 11:23] 근데 어떤식으로 말해야할지 모르겠어요ㅜㅜ
[30911하유진] [오전 11:23] 봄이 화자가 바라보는 대상이고 봄과 겨울을 대조해서 나타내고 있다
[서곶 이해은] [오전 11:23] 일단 내재적은 작품안에서의 내용이니까 나는 봄은 이라는 작품의 소재등을 알아볼게
[손글씨 하유진] [오전 11:23] 너무어렵다
[서곶 이해은] [오전 11:23] 그니깔
[윤효성] [오전 11:23] 그럼 역할을 나눠보자
[윤효성] [오전 11:24] 화자의 특성은 유진이가 찾고 해은이가 대상의 특성 수현이가 상황 하정이가 정서

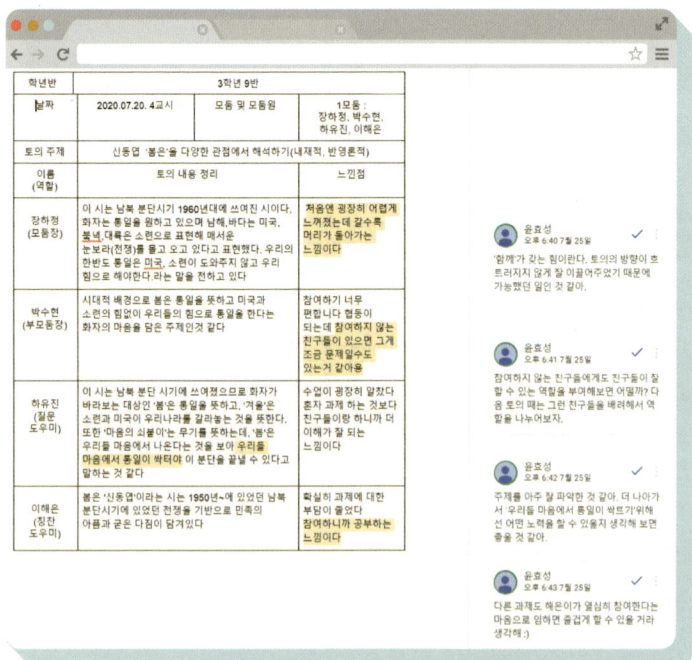

학생들은 참여가 편리하고 과제 해결이 좀 더 수월했다는 긍정적인 반응을 보였습니다. 교실 수업에서 할 수 있는 모둠 토의의 장점을 그대로 가져오되, 일회성으로 끝나지 않고 놓치는 부분을 최소화한다는 점, 자신의 대화 내용을 보고 스스로 피드백하고 정리할 수 있다는 점들이 온라인 모둠 토의의 큰 장점입니다.

◌ **학생들의 수업 소감 중 일부**

> 코로나 때문에 요즘 친구들도 못 만나고 세상과 단절된 기분이었는데 오랜만에 모둠 활동을 해서 좋았습니다.

> 줌으로 수업을 해도 혼자 공부를 한다는 느낌은 항상 남아 있었는데 친구들과 같이하니까 오랜만에 같이 공부하는 느낌이라 좋았어요

> 카톡 오픈채팅방으로 모둠 토의를 하니 굉장히 참신하고 재밌었다.

> 온라인으로 모둠 토의를 하니 어색함이 더 적었다. 또한 글로 자신의 의견을 말해야 해서 글을 쓰며 생각을 정리할 수 있어서 좋았다.

> 온라인으로 상당히 수준 높은 토의가 진행되어 놀라웠고, 직접 대화를 하지 않아 불안했는데 오히려 서로 얼굴을 보지 않으니 더 활발했던 것 같기도 하다.

🎯 패들렛을 이용한 찬반 토론

수업 형태	• 콘텐츠 활용 수업 • 과제 수행 중심 수업	활동 유형	• 개인 활동 • 모둠 활동
활동 도구	• 패들렛		

 사회적 거리두기로 인해 학생들의 직접적인 의사 교류 및 협동 학습 진행이 어려운 상황에서 토론 수업을 운영하기는 쉽지 않습니다. 그러나 온라인 특성상 평소 소극적이던 학생들도 적극적으로 참여하고 주고받은 의견이 한눈에 파악되어 토론을 좀 더 원활하게 할 수 있다는 장점도 있습니다. 평소 토론 수업을 하고 싶었으나 몇몇 학생만 참여한다는 한계 때문에 혹은 시간적인 여유가 없어 시도해보지 못했다면 패들렛으로 온라인 토론 활동을 열어 보면 어떨까요?

 활동 준비 방법은 다음과 같습니다. 토론을 위한 기본 배경지식 및 순서에 대한 안내는 사전에 콘텐츠형 수업으로 진행하셔도 좋습니다. 이전 차시에 내용 학습이 이루어진 후에 진행해야 학생들도 당황하지 않고 토론 수업에 적극적으로 참여할 수 있습니다.

실제 토론 수업을 위해 교사는 패들렛의 '캔버스' 서식을 선택하고 찬성과 반대를 구분할 수 있는 사진을 찾아 배경화면으로 설정합니다. 배경은 직접 그릴 수도 있고 깔끔하게 이미지를 찾아서 업로드할 수도 있습니다. 설정 후 해당 링크를 학생들에게 안내하면 준비가 완료됩니다.

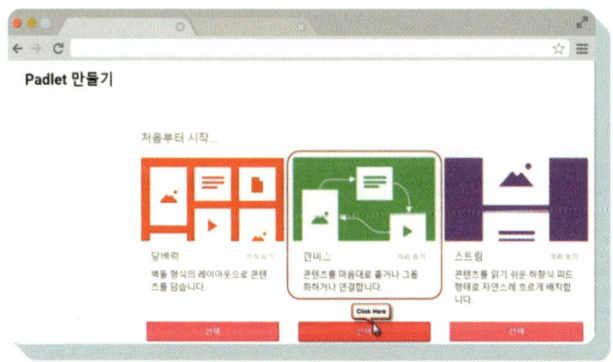

학생 활동을 순서별로 정리하면 다음과 같습니다.

1. 이전 시간에 학습한 내용을 정리하고 토론의 순서를 익힌 후 자신의 의견을 정합니다.
2. 게시물을 만들어 의견과 근거를 정리하여 올린 후, 찬성과 반대 중 자신의 입장 가까운 쪽에 게시물을 옮겨 놓습니다.
3. 자신과 같은 입장인 친구들의 근거를 살펴보고 상대방의 근거를 살펴봅니다.

4. 자신의 발언 순서가 되면 반대 의견을 내고 싶은 상대방 게시물과 화살표를 연결하여 댓글로 반박 의견을 냅니다. (실시간 수업일 경우 직접 발언하고 이후에 내용을 정리해도 좋습니다.)

패들렛으로 찬반 토론을 할 때 유의할 점은 토론 순서를 명확하게 안내해야 한다는 것입니다. 토론 순서 및 발언 순서를 미리 정하거나 역할을 나누어야만 토론이 체계적으로 이루어질 수 있습니다. 또한 의견을 내세울 때에는 반드시 근거를 제시해야 하며 토론의 예절을 잘 지켜야 한다는 것을 안내해야 합니다.

한 차례 토론으로 끝내는 것보다 처음에는 맛보기로 1~2회씩 의견을 주고받은 후에, 2차 토론을 진행하면 학생들이 근거를 충분히 마련해올 수 있으며, 의견의 질도 높아지는 효과가 있습니다. 이 활동을 통해 말수가 적고 내성적인 학생들도 적극적으로 자신의 의견을 내세우는 것을 보게 되며, 팀을 짜서 근거를 수집하는 역할을 부여하면 더욱 깊이 있는 참여를 유도할 수 있습니다.

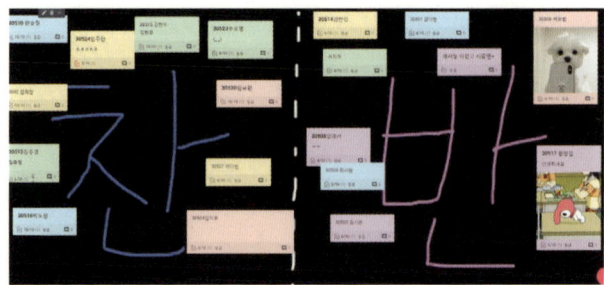

🎯 패들렛을 활용한 OX 퀴즈

수업 형태	• 실시간 쌍방향 수업 • 기타	활동 유형	• 개인 활동 • 모둠 활동
활동 도구	• 패들렛		

　패들렛을 이용하면 실시간 수업에서 간편하게 OX 퀴즈를 할 수 있습니다. 실시간으로 진행하여 학생들이 바로 참여할 수 있다는 점이 가장 매력적이며, 복습할 때 사용하면 유용합니다.

　OX 퀴즈를 진행할 수 있는 온라인 도구가 많지만 패들렛은 무엇보다 교사의 준비가 간편하며 학생들도 흥미롭게 참여할 수 있습니다. 패들렛 기능에는 학생들의 게시물에 '반응'을 할 수 있는 기능이 있는데 반응 방법 중 '등급'을 선택하면 OX 퀴즈의 정답을 맞힌 만큼 점수를 부여할 수 있습니다.

　활동 준비 방법은 다음과 같습니다. 먼저, 수업 내용과 관련하여 OX 퀴즈를 만듭니다. 학습 내용에 따라 달라지겠지만 45분 수업을 기준으로 약 15~20개 정도의 문항을 만드는 것이 적당합니다.

다음은 패들렛을 준비하는 단계입니다. 패들렛의 템플릿을 '캔버스'로 설정합니다. 학생들이 자신의 게시물을 자유롭게 움직일 수 있게 만들려면 캔버스 형태가 제일 좋습니다.

OX 퀴즈를 할 수 있는 배경화면을 설정하는 단계입니다. 패들렛 톱니바퀴 모양의 아이콘인 [설정]에 들어가서 [배경화면]을 선택한 후 [Add your own wallpaper]로 들어가면 배경화면을 그리거나 미리 만들어놓은 OX 이미지를 배경화면으로 설정할 수 있습니다. 깔끔한 바탕을 원하면 파워포인트나 그림판을 이용하여 배경화면 이미지를 미리 만들어서 업로드하고, 간편하게 바탕을 만들고 싶다면 패들렛의 그리기 기능을 이용하여 OX판을 만들면 됩니다.

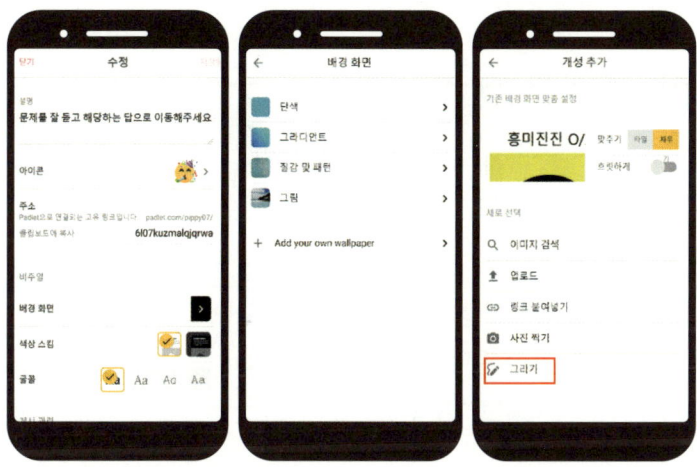

배경화면 설정 후에는 학생들이 게시물 [반응]의 종류를 [등급]으로 설정하고 준비한 문제 수만큼 숫자를 설정하면 됩니다.

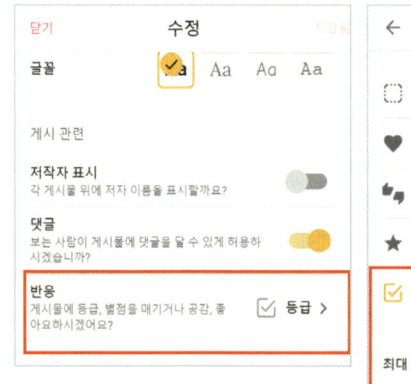 

온라인 수업 실천 사례 ㅇ 153

설정을 모두 마치면 실시간 수업 시 패들렛 링크를 복사해서 공유하고 OX 퀴즈 진행 방법도 함께 안내합니다.

OX 퀴즈 진행 방법

1. 패들렛 링크 주소에 접속합니다. 이때, 반드시 '크롬' 브라우저로 접속해야 합니다. 인터넷 익스플로러와 같은 다른 브라우저에서는 사용이 불가능합니다.
2. 접속 후 자신의 게시물을 만듭니다.
   - 게시물 제목: 자신의 학번과 이름
   - 게시물 내용: 퀴즈에 임하는 자신의 각오나 목표
3. 게시물이 OX판 위에서 움직이는지 확인합니다.
4. 퀴즈를 맞힌 후, 자신의 등급을 확인합니다. 패들렛 프로그램에서 '등급'이란 단어를 사용하고 있으나 퀴즈를 맞힌 개수, 즉 맞힌 만큼 얻는 점수라고 생각하면 됩니다. 예를 들어 1개를 맞히면 1등급, 10개를 맞히면 10등급으로 나타나게 됩니다.

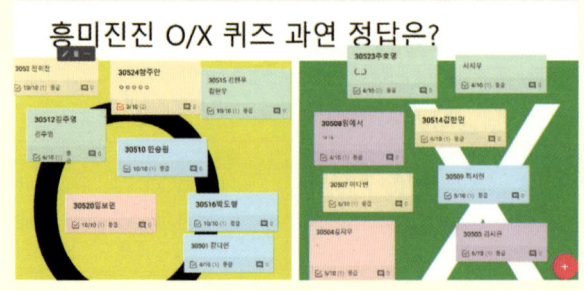

구글 클래스룸을 통해 접속하거나 구글 계정이 이미 있는 학생들은 자신의 학번과 이름을 따로 입력하지 않아도 되나, 그렇지 않은 학생들은 반드시 학번과 이름을 기재하도록 안내해야 활동하는 학생을 확인할 수 있습니다.

학생들이 게시물을 한꺼번에 생성하면 왼쪽 하단에 게시물이 겹쳐져서 자기 게시물을 못 찾는 경우가 발생할 수 있으므로 완성된 게시물은 다른 학생들과 겹치지 않게 중앙이나 다른 쪽으로 옮기도록 안내합니다. 움직이지 않는 게시물은 삭제 후 다시 만들도록 합니다.

학생들이 휴대폰을 이용하여 패들렛에 접속하기도 하는데 그럴 경우 OX판 중 한쪽 면만 보일 수 있습니다. 휴대폰 화면이 기울어지게 조절하거나 선생님이 실시간으로 화면을 공유해주면 그 화면을 통해 게시물의 움직임을 확인할 수 있습니다.

OX 퀴즈를 해보면 몇몇 학생들은 자기 생각보다 다수를 따라 움직이는 모습을 보이기도 합니다. 이는 OX 퀴즈의 장점이자 단점이기도 합니다. 장점은 수업에 잘 따라오지 못하는 학생들의 참여를 끌어낼 수 있다는 점이고, 단점은 내용에 대한 이해보다 퀴즈를 맞히는 상황에만 집중하게 된다는 점입니다. 이러한 단점을 보완하기 위해 활동을 마친 후 퀴즈 내용을 학생들에게 전달하고 복습할 수 있는 시간을 충분히 갖게 하는 것이 좋으며, 시간 여유가 있다면 함께 정리하는 시간을 가져도 좋습니다. 정리할 때는 한 명씩 문제를 읽고 설명하도록 하는 등 학생들의 이해도를 점검하는 과정을 거치도록 합니다.

퀴즈를 맞힌 뒤 학생들의 등급을 선생님이 직접 올려줄 수 있지만 학생들 스스로 조정하게 해도 좋습니다. 등급을 올리는 것은 게임에서 레벨업을 하는 것과 같은 느낌을 주어 학생들에게 학습 동기를 끌어내고 흥미를 불러일으킬 수 있습니다.

교사나 글을 작성한 본인 외에 다른 학생이 장난으로 등급을 변경하거나 임의로 수정하면 자신이 설정한 등급과 다른 숫자로 변경되는 오류가 발생합니다. 선생님이 등급을 변경하면 체크박스의 색은 빨간색으로 변합니다. '1/10'은 총 10등급 중 1등급으로, 문제를 1개 맞혔다는 표시입니다. 많이 맞힐수록 등급의 숫자는 올라갑니다. 괄호로 '(2)'라고 쓰여 있으면 이는 게시물의 등급을 조정한 사람이 2명이라는 의미입니다. 즉, 다른 학생이 임의로 등급 설정에 손을 대면 괄호 안의 숫자가 변하게 됩니다. 그러므로 사전에 타 게시물에 손을 대지 않도록 안내합니다.

학생들은 게시물을 직접 움직이며 퀴즈를 맞히고 등급을 올리는 방식이 마치 게임과 같다며 매우 흥미로워했습니다. 수업에 소극적으로 참여하던 학생들도 친구들을 따라 이리저리 이동하며 점수를 얻다 보니 끝까지 수업을 놓지 않고 참여하기도 하였습니다.

OX 퀴즈 활동은 여러 방식으로 연계 또는 확장이 가능합니다. 교사가 출제한 문제로 OX 퀴즈 활동을 했다면 다음에는 학생들이 직접 퀴즈를 만들어 돌아가며 문제를 제시하고 맞히는 활동으로 이어갈 수도 있으며, 모둠별로 게시물의 색상을 같게 만들어 모둠별 점수를 부여하는 방식으로도 진행할 수 있습니다. 원활한 진행을 위해 선생님이 간식 등 찬조 상품을 제공하면 학생들의 집중과 참여도가 매우 높아집니다.

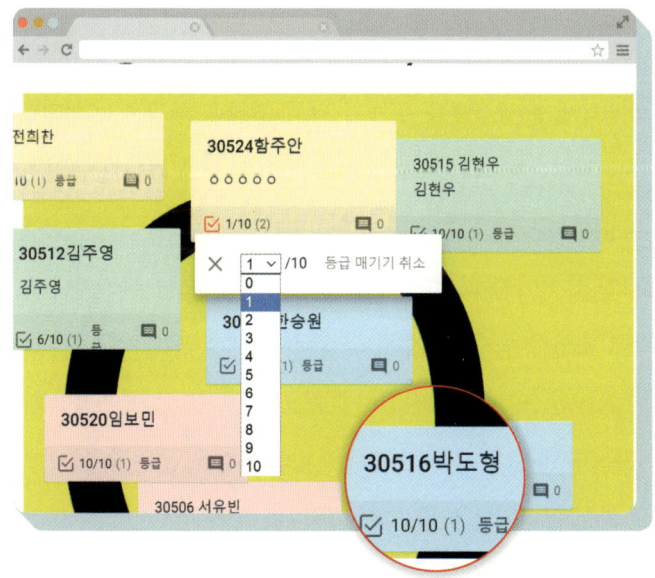

🎯 영상 보고 생각 나누기

수업 형태	• 콘텐츠 활용 수업 • 과제 수행 중심 수업 • 기타	활동 유형	• 개인 활동 • 모둠 활동
활동 도구	• 패들렛		

　학생들에게 생각해볼 주제가 담긴 영상을 제공하고 의견이나 생각을 정리하여 다른 학생들과 공유할 수 있게 하는 활동입니다. 이 활동은 패들렛을 도구로 활용하면 편리합니다. 이외에도 학습지 사진을 찍어 올리거나, 수업 내용과 관련 있는 사진이나 그림 자료를 조사하여 게시할 수도 있습니다.

　예를 들면, '인간에게 인권이 있듯 동물에게도 동물권을 부여해야 하는가?'라는 주제를 놓고 학생들의 의견을 물을 수 있고 학생들은 자신의 의견을 뒷받침하는 자료를 찾아 업로드할 수도 있습니다. '위안부 관련 이슈', '님비 현상', '통일 문제', '세대 간 갈등' 등 자유로운 의견이 나올 수 있는 주제를 정하면 좋습니다. 영상을 감상한 후 의견을 정리해 소감을 나누는 이 활동은 온라인 수업에 소통의 장을 마련해줍니다.

　활동 준비 방법은 간단합니다. 교사는 패들렛을 개설하여 학생들에게 링크를 전달하면 됩니다. 패들렛에서 제목, 설명을 작성하고 주소를 복사하여 학생들에게 전달하는 것입니다. [댓글] 기능과 [반응] 기능을 통해 좀 더 활동을 풍성하게 만들 수 있는데, 서로 댓글을 작성하도록 하면 학생 간 의견 교환이 좀 더 풍부해집니다. 또한, [반응] 기능을 활용하면 '좋아요' 외에도 '별점'을 줄 수 있어서 학생 간 상호 평가가 가능합니다.

○ 톱니바퀴 모양인 [설정] 버튼을 눌러 [댓글]과 [반응] 기능을 활성화합니다.

온라인 수업 실천 사례　　　　　　　　　　○ 159

이 활동 역시 별도의 로그인 없이 링크만 있으면 접속이 가능하므로 반드시 학번과 이름을 밝힐 것을 명시해야 합니다. 단, 개인 구글 계정 혹은 학교 구글 계정을 통해 들어올 경우에는 이름을 밝히지 않아도 됩니다. 또한, 다른 학생이 적은 내용을 임의로 삭제하거나 비방하지 않도록 사전 교육을 실시해야 합니다.

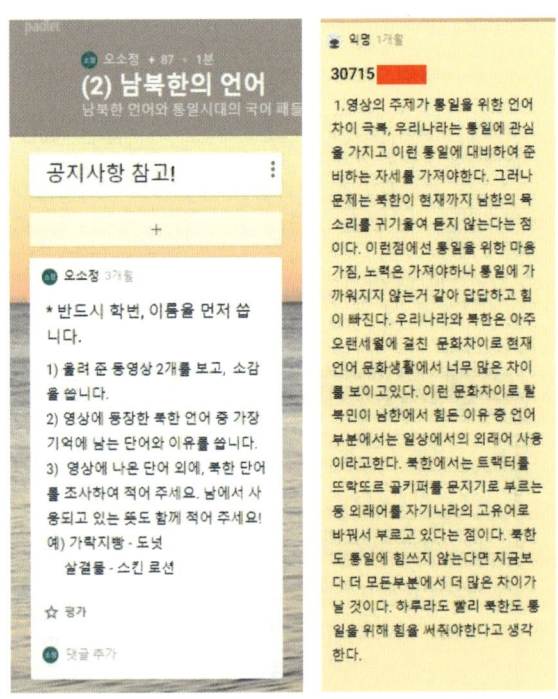

맨 왼쪽 부분에 공지 사항, 안내 사항을 게시할 수 있습니다.
학생들이 별다른 로그인 없이 링크만으로 접속했을 경우,
'익명'으로 뜨므로 학번, 이름을 반드시 적도록 합니다.
우측 위쪽의 : 버튼을 누르면 색을 변경할 수 있습니다.

학생들은 선생님이 제공한 영상을 시청하고 자신의 소감을 패들렛에 작성합니다. 또한, 영상과 관련 있는 심화 자료를 조사하고 수집하여 학습 내용을 스스로 확장해갈 수 있습니다.

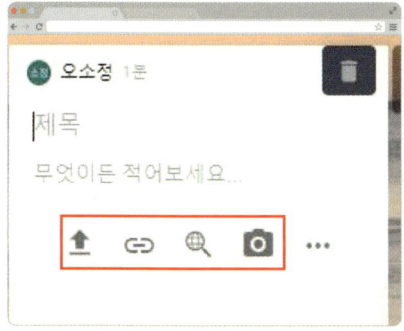

왼쪽부터 순서대로
파일 업로드 기능, 링크 연결 기능, 구글 검색 기능, 사진 업로드 기능

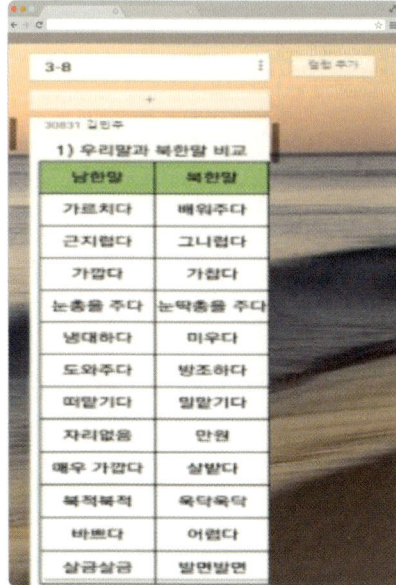

구글에서 이미지를 검색한 뒤 바로 업로드가 가능합니다.

온라인 수업 실천 사례

학생들이 남긴 의견과 조사한 내용을 수합하여 다음 수업 시간에 소개할 수 있습니다. 또한, 모든 학생의 의견 정리가 끝나면 서로 별점과 댓글을 남겨 상호 평가(동료평가)가 이루어지도록 하며 교사 역시 이를 평가에 반영할 수 있습니다. 학생들의 의견 및 조사한 내용을 모아서 한 편의 보고서 또는 소감문의 형태로 작성하게 할 수도 있고, 이를 재구성하여 UCC로 제작할 수도 있습니다.

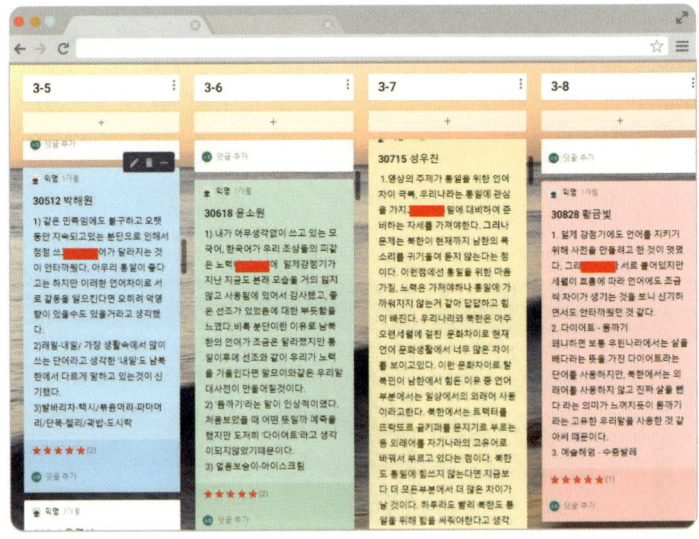

[공유] 버튼을 누르면 [PDF로 저장] 버튼이 나오는데, 그 버튼을 누르면 모아둔 의견들이 마치 신문처럼 편집되어 저장됩니다.

패들렛, 이렇게 활용해요!!

- 생각해볼 거리를 던져주고 의견을 서로 교환하는 수업
- 학습한 주제에 대해 자료를 조사하여 게시하는 수업
- 보고서(소감문) 쓰기, UCC 만들기를 위한 사전 작업

🎯 릴레이 글 쓰기

수업 형태	• 콘텐츠 활용 수업 • 과제 수행 중심 수업 • 기타	활동 유형	• 개인 활동 • 모둠 활동
활동 도구	• 구글 공유 문서		

    비대면 상황에서 온라인 플랫폼과 공유 문서를 활용해 학생들이 협력하여 한 편의 글을 완성해보는 활동입니다. 학생들은 배운 내용을 토대로 서로의 글을 읽고 맥락에 맞는 릴레이 댓글을 작성해가며 완성도를 갖춘 글을 적어봄으로써 개인의 결과물이 아닌 반 공통의 결과물을 공유하는 특별한 경험을 하게 됩니다.

    오프라인 수업 시간에 학습지에 릴레이 댓글 쓰기를 하고, 고쳐 쓰기를 하는 과정은 흔히 볼 수 있는 수업의 형태입니다. 이를 온라인 활동으로 가져와 댓글과 문서 공유 기능을 활용해 실시간 협업을 펼치는 것입니다.

    이전 차시에 배운 내용을 이어 적어 한 편의 글로 완성하거나 좀 더 심화한다면 학습한 개념을 적용하여 한 편의 글을 완성하는 활동도 진행해볼 수 있습니다.

예를 들면, 국어과에서는 소설 개념을 학습한 뒤 소설의 3요소 (인물, 사건, 배경)를 활용하여 릴레이 소설 쓰기 활동을 할 수 있으며, 영어과에서는 학습한 단어가 들어가도록 릴레이 글쓰기 활동을 할 수도 있습니다. 과학과에서는 실험한 내용을 바탕으로 모둠별로 실험 보고서 쓰기에 적용할 수 있습니다. 또한, 수학과에서는 단계별로 릴레이 문제 풀이를 할 수도 있고, 문제를 풀고 해설을 적어주는 활동으로 연결해 볼 수도 있습니다. 이외에도 부고문 쓰기, 노래 가사 쓰기, 역사적 흐름에 맞게 시대별로 주요 사건 정리해보기 등 교과별로 다양하게 활용이 가능합니다.

국어과의 수업 활동 예시 자료를 자세히 살펴보겠습니다. 교사는 학생들에게 소설 개념을 적용하여 릴레이 소설 쓰기 활동을 할 것임을 안내합니다.

교사 : 우리가 배운 소설 개념을 바탕으로, 릴레이 소설 쓰기 (소설 이어 쓰기) 과제를 해봅시다. 제일 먼저 하는 사람은 선생님이 제시한 내용을 이어 적으면 됩니다. 그다음 사람부터는 위에 있는 댓글 다음에 올 내용을 지어서 적으면 됩니다. 댓글의 내용이 연결되어야 매끄러운 소설이 되겠죠? 맨 마지막 사람은 결말을 적어 소설을 완성하면 됩니다. 우리

수업 인원은 총 26명! 맨 마지막 사람은 반드시 결론을 적어 주어야 합니다.

선생님이 제시하는 에피소드

> 어제 학원에서 나오는 길에 너무 마음에 드는 아이를 발견했다. 그 아이의 이름은 펭수였다. 나는 펭수 생각을 하며 집으로 돌아갔다. 집에서 한참을 생각에 젖어 있는데 갑자기 엄마의 목소리가 들려왔다. '사랑아 밥 먹어라'

모든 학생이 릴레이 댓글 쓰기 활동을 한 뒤에는 댓글을 모아 하나의 공유 문서로 만들고, 공유 문서 작업을 통해 한 편의 글을 완성하는 활동을 이어갑니다. 학생들은 링크만 있으면 별다른 로그인 없이 구글 공유 문서 작업이 가능합니다. 교사는 [공유] 버튼을 눌러 링크를 공유하면 간단히 공유 문서를 제공할 수 있습니다.

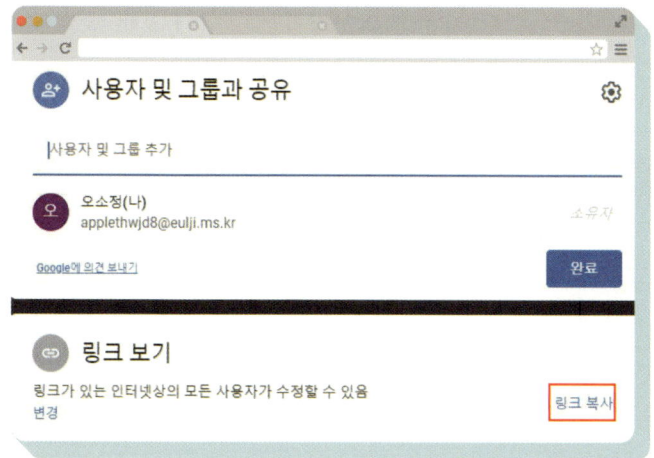

학생들에게 링크를 공유할 때 공유 문서 수정 방법도 함께 안내합니다. 학생들이 질문하고 싶을 때 선생님과 연락할 수 있도록 카카오톡 채널을 활용하면 좋습니다.

- 내용상 불필요한 부분, 어색한 부분, 추가하고 싶은 부분은 '색깔을 표시하여' 수정할 것
- 수정 후, 온라인 클래스 토론 댓글을 사용해서 내가 수정한 부분과 내가 사용한 글씨 색깔 적기 (예: 빨간색을 사용하여 ~ 부분을 수정하였다)
- 이 소설의 제목과 마지막 결론을 댓글로 적기
- 이해가 안 되는 부분은 카카오톡 채널에서 '을지중 소정쌤'을 검색하여 추가 후 질문하세요.

학생들은 교사가 공유한 문서의 링크를 눌러 공유 문서 작업을 통해 한 편의 글을 완성해 나갑니다. 자신이 고치고 싶은 부분을 수정하고, 각자 색을 다르게 하여 어떤 부분이 달라졌는지 한눈에 볼 수 있도록 합니다.

[버전 기록 보기]에서 누가 어떤 부분을 고쳤는지 확인이 가능합니다. '11월 4일에 마지막으로 수정했습니다' 부분을 누르면 버전 기록을 볼 수 있습니다.

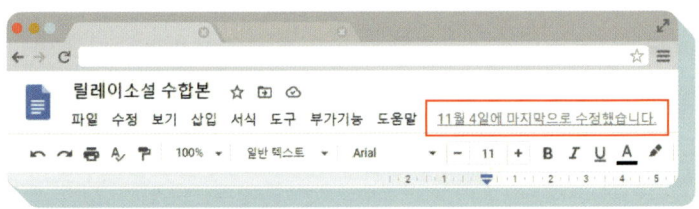

학생 활동이 다 이루어진 뒤 교사는 학생들이 적은 결론과 제목 중 가장 완성된 글에 잘 어울리는 것을 정하는 시간도 마련합니다. 이때, 교사가 직접 선정 후 학생들에게 발표하는 방법도 있고 학생들에게 패들렛 등의 프로그램을 활용하여 투표하도록 할 수도 있습니다.

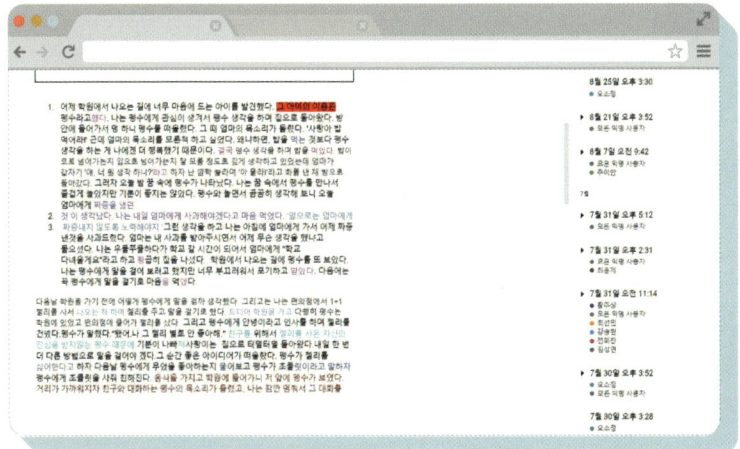

온라인으로 릴레이 댓글과 글쓰기 활동을 할 때 유의해야 할 점이 있습니다. 링크만 있으면 계정이 없어도 참여가 가능하다는 것은 편리하다는 장점과 익명성 아래 문제가 생길 수 있다는 단점이 공존합니다. 익명 상황에서 문제가 발생하면 교사의 지도나 통제에 어려움이 커지므로 반드시 자신의 학번과 이름을 밝히도록 합니다. 학생들에게 구글 계정이 있다면 해당 계정으로 로그인하도록 하거나 학교에서 학생들에게 학교 구글 계정을 발급했다면 해당 아이디를 통해 참여하도록 하는 것이 좋습니다. 또한 비대면 상황에서 자칫 욕설이나 폭력적인 내용, 비방 글을 올리지 않도록 학생들에게 사전 교육으로 강조할 필요가 있습니다.

온라인 수업 실천 사례

이렇게도 할 수 있어요!

영어과 사례:

소설 단원을 배운 뒤 영어로 릴레이 소설 쓰기를 합니다. 교실 수업에서 학습지를 차례대로 넘겨 이어 쓰기를 하던 활동인데 온라인 수업에서는 구글 문서를 활용해 릴레이 쓰기를 합니다. 영어로 글 쓰는 것에 부담을 느끼는 학생들은 먼저 한글로 써본 뒤 인터넷 번역 서비스를 참고하기도 합니다.

○ **영어 교과의 릴레이 소설 쓰기 사례**

Relay Novel
(등)반 (1)번 이름 (정민지)

① 정민지 Once upon a time, there was Kingdom, which is peaceful and beautiful palace. The people in the Kingdom had different hair color such as gray, brown, or black. 'Every color exist in here but, only one color had never seen'. It was red. No one has red colored hair. Few years later, the girl with the red hair born in small house. Her name was Snow White.

② 지서영 Snow White ~~bullied~~ got bullied by other childs. She was the only person whose hair was red, so children think she is a witch! Snow White's parents were very concerned about her. So, they decided to dye her hair. After 3 years, Snow White went to elementary school with the brown hair.

③ 다빈 However, when the PE class began, Snow white was sweating. The dye wasn't perfect, so a the later brown red again. Teachers and students were shocked, and they started to bully bully her. When Snow white got home. She was so mad so she decided to cut all her hair off. After she did this, no red hair was on her head. She was glad to be normal. It was strange to be bald, but she didn't had another choice.

④ 혜주 When she got to school, the classmates and her teacher didn't like bald head, so she got bullied again. She become sad, and she spread (wiped) on her head. Eventually, red hair grew, so she spread to make her hair not-red. After 30 years, she become a scientist, and she made everybody's hair at the kingdom, red. This is why there is people with red-hair.

🎯 배운 내용을 시간순으로 정리하기

수업 형태	• 콘텐츠 활용 수업 • 과제 수행 중심 수업 • 기타	활동 유형	• 개인 활동 • 모둠 활동
활동 도구	• 패들렛		

    패들렛의 '타임라인' 기능을 활용하여 배운 내용을 시간순이나 글의 순서대로 정리하는 활동입니다. 순서대로 내용 정리가 가능하다면 어느 교과에서든지 활용할 수 있습니다. 예를 들어 국어 과목에서 소설, 수필과 같은 문학 작품을 시간 순서대로 정리하기 활동이나 비문학 영역을 글의 흐름에 맞게 정리하는 활동을 할 때 좋습니다. 영어 과목에서는 이야기로 구성된 본문 내용을 순서대로 정리하는 활동에, 역사 과목에서는 온라인 연표 그리기 활동에 활용이 가능합니다.

    이 활동의 장점은 단순히 텍스트만 기록하는 것이 아니라 사진 자료를 업로드할 수 있다는 점입니다. 구글 검색을 통해 원하는 이미지 또는 영상을 업로드할 수 있으므로 직접 학생들이 스토리보드를 그리지 않더라도 이미지 업로드를 통해 스토리보드 그리기와 비슷한 효과를 낼 수 있습니다.

교사가 패들렛을 만들어서 학생들에게 링크를 제공하면 활동을 위한 준비가 끝납니다. 패들렛은 [타임라인] 형태를 선택합니다.

학생들은 더하기 버튼(+)을 눌러 순서대로 글의 내용을 정리합니다. 다른 학생이 작업하는 과제에 내용을 추가하고 싶을 땐 추가도 가능합니다.

직접 다운로드한 사진 파일을 업로드할 수도 있고, 패들렛에서 구글 이미지 또는 비디오 검색을 통해 관련 사진이나 동영상 파일을 업로드할 수도 있습니다.

활동을 마친 후에는 교사가 학생들이 작성한 내용을 하나씩 읽어주면서 글의 내용을 복습할 수 있는 기회를 제공합니다. 학생들이 글의 순서에 맞지 않게 게시물을 작성했을 경우에는 다른 위치로 옮길 수 있습니다.

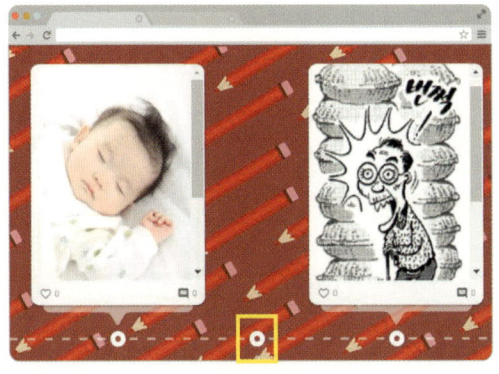

동그란 버튼(○)을 눌러 드래그하면 게시물을 옮길 수 있습니다.

온라인 수업 실천 사례

이렇게도 할 수 있어요!

- 역사 수업의 연표 그리기 온라인 활동
- 국어, 영어 등 수업 내용을 '사건' 또는 '시간'의 흐름에 맞게 정리하기
- 미술, 음악 등 수업에서 시대별로 유행했던 내용 정리하기
- 개인의 일대기를 정리하는 활동. 의미 있는 사건들을 시간순으로 나열하기
- 글의 순서를 뒤죽박죽 섞어놓은 뒤 학생들이 원래 순서대로 재배열하는 활동

🎯 패들렛을 활용한 독서 수업

수업 형태	• 콘텐츠 활용 수업 • 과제 수행 중심 수업 • 기타	활동 유형	• 개인 활동 • 참여형 토론 활동
활동 도구	미리캔버스, 클로바 더빙, 패들렛		

　패들렛을 활용하여 학생들이 서로의 의견이나 감상을 읽고, '댓글'과 '좋아요' 표시를 통해 소통하게 하는 활동입니다. 어떤 과목이든 독서 경험을 마련해주고 싶을 때 활용할 수 있으며 전형적인 독서 기록장을 받는 것이 아니라 온라인에서 자유롭게 감상을 제시하고 서로 의견을 나누는 형태입니다. 학생의 결과물을 다음 차시에 활용할 수 있고, 우수하게 작성한 학생에게 바로 긍정적인 피드백이 가능하다는 장점이 있습니다.

　활동에 앞서 먼저 학생들에게 독서 방법 관련 가이드 영상을 제시합니다. 가이드라인에는 기본적으로 책을 선정하는 방법, 추천 도서, 책을 읽는 방법, 독서 기록장을 작성하는 방법 등이 들어갑니다. 이와 더불어 과목별로 독서를 할 때 중점적으로 알아두어야 하는 점과 평가 요소도 안내하면 좋습니다. 과학 도서의 경우, 과학적 원리를 중심으로 읽고 이를 정리하고 조사하는 활동을 안내할 수도 있으며, 역사 도서의 경우 주요 사건 및 중심 인물을 정리하며 읽도록 해도 좋습니다.

○ **독서 가이드라인 영상**

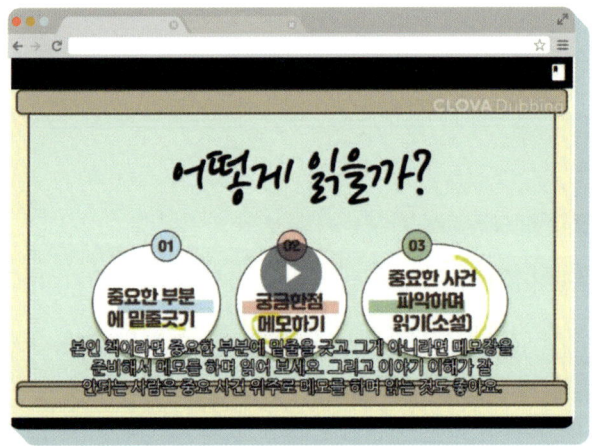

패들렛을 만들 때 형태는 가장 기본적인 '선반(셸프)' 형식을 선택합니다. 선반 형식의 장점은 반별로 일렬로 정리를 할 수 있어서 시각적으로 깔끔하게 정리가 가능하다는 점입니다. 반별로 소통의 장을 만들어도 되며, 한 권의 책을 함께 읽는다면 질문거리를 제시하여 학생들이 의견을 나누도록 해도 됩니다.

패들렛 우측 상단의 톱니바퀴 모양을 누르면 패들렛의 이름과 설명, 게시물 위치, 배경 화면과 글꼴 등 다양한 설정을 변경할 수 있습니다. [댓글]을 허용하고 [반응] 기능을 켜 '좋아요'를 누를 수 있도록 설정한 다음 비속어 필터링을 활성화합니다.

학생들은 독서 가이드라인 영상을 보며 책을 어떻게 읽고 어떤 방법으로 소감문을 작성해야 하는지를 학습합니다. 공유받은 패들렛 링크에 들어가서, 공지사항에 맞게 내용을 작성합니다. 서로 올린 글에 댓글과 '좋아요'를 통해 피드백을 나누게 됩니다.

교사는 적극적으로 참여하는 학생에 대해서는 교과 세부특기사항에 기록해줄 것임을 사전에 안내하고, 학생들이 남긴 의견 중 우수 의견에 긍정적 피드백을 해줍니다. 우수 사례로 선정된 학생의 패들렛 보드 색을 바꾸어 구분되도록 표시해줄 수 있습니다.

다음 차시에 우수 사례를 소개하는 수업을 통해 학생들이 한 번 더 다른 사람의 의견에 귀 기울일 수 있도록 하고, 긍정적 피드백을 전달합니다.

이 활동은 모두에게 공개된 소통의 장에서 이루어지므로 욕설이나 비방하는 글을 익명으로 올리지 않도록 사전에 교육합니다. 또한, 다른 사람의 과제를 삭제하거나 수정하지 않도록 주의하고 자신의 신분을 밝히며 공지사항을 참고해 꼼꼼히 작성하도록 안내합니다.

활동에 앞서 제시하는 가이드라인 영상은 미리캔버스와 자막과 더빙 서비스를 활용하면 좀 더 집중도를 높일 수 있습니다. 미리캔버스www.miricanvas.com에서 PPT를 만들고, 네이버 클로바 더빙 서

온라인 수업 실천 사례

비스 clovadubbing.naver.com를 이용하여 자막을 넣고 기계음으로 더빙을 하는 것입니다. 가이드라인 영상뿐 아니라 개념을 전달하는 짧은 영상을 제작할 때도 이 방법을 추천합니다.

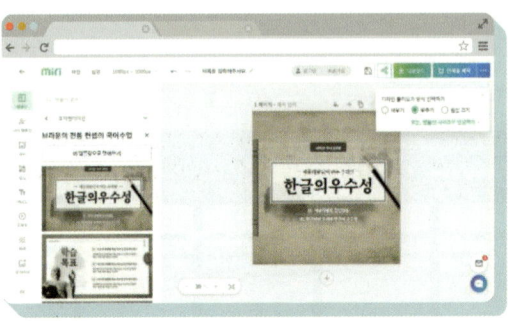

이후 패들렛을 통해 함께 읽은 책에서 토론 주제를 뽑아 독서 토론 활동을 연계하여 진행할 수도 있습니다. 찬반 토론을 진행할 수도 있고, 독서 활동 이후 새로 알게 된 점 등 의견을 공유할 수도 있습니다.

학생들은 자신의 생각을 자유롭게 표현하면서 다른 사람의 생각을 알 수 있고 친구들과 상호작용할 수 있는 도구 활용에 상당히 흥미로워했으며, 자신이 올린 과제가 소개 영상에 등장했을 때 기분이 좋았다며 굉장히 기뻐했습니다.

패들렛 기능 중 [공유] 버튼을 누르고 [pdf로 변환]을 누르면 다음과 같이 신문 형식으로 발행되어 한눈에 보기에 편리하며 활동 결과물을 기록으로 남기기에도 좋습니다.

● **PDF로 변환된 패들렛 보드**

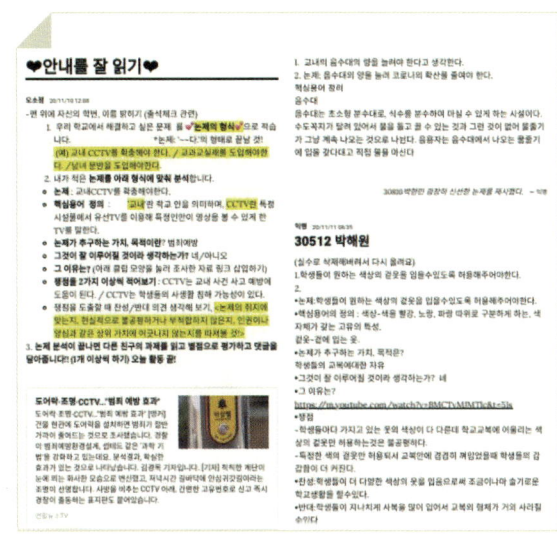

패들렛은 다양한 교과에서 활용할 수 있습니다. 아래는 수학 문제를 푸는 과정을 사진으로 찍어 패들렛에 공유한 사례입니다.

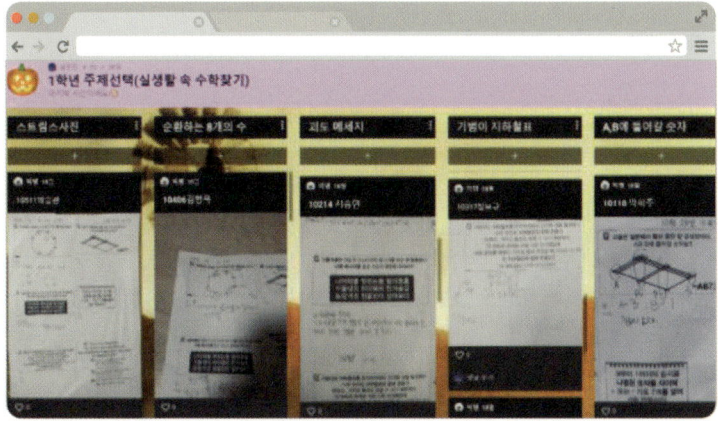

온라인 수업 실천 사례

패들렛으로 이런 수업도 가능해요!

캔버스 템플렛을 활용해서 배운 내용을 복습하면서 중심 주제를 가운데에 두고 하위 주제 및 세부 내용을 마인드맵처럼 정리해 봅니다. 학생들에게 어떤 내용을 할지 사전에 정해주지 않고 본인이 생각할 때 중요한 내용을 찾아서 입력하라고 합니다. 그러면 다른 친구들이 하는 내용도 보면서 어떤 내용이 빠져 있는지, 어떤 내용을 추가해야 하는지 확인하게 됩니다. 정리하면서 내용의 흐름을 생각하게 되므로 복습이 되고, 또 전부 다 정리할 필요가 없기 때문에 좀 더 수월하게 참여할 수 있습니다. 선생님이 제공한 하위 주제 키워드에 자신이 적은 내용을 연결해서 흐름을 보여주는 것도 좋습니다. 그리고 주제별로 색깔을 맞춰서 정리한다면 한눈에 더 잘 들어옵니다.

padlet.com/etson/mudflats

🎯 잼보드로 핵심 내용 정리하기

수업 형태	• 콘텐츠 활용 수업 • 과제 수행 중심 수업 • 실시간 쌍방향 수업 • 기타	활동 유형	• 개인 활동 • 참여형 토론 활동
활동 도구	• 잼보드		

    글의 중심 내용을 간추리거나 교과서의 주요 내용을 정리하는 데 유용하게 활용할 수 있는 활동입니다. 밑줄 치기나 괄호 채우기 등의 활동보다 적극적이고 활발하게 참여할 수 있어서 집중이 잘 안 되거나 장문의 글 읽기를 힘들어하는 학생들이 교과 내용을 파악하고 이해하도록 도움을 줄 수 있습니다.

    잼보드는 다양한 기능을 자유롭게 사용할 수 있고, 동시 작업이 가능하며 공유가 편리하다는 장점이 있습니다. 그림판과 같이 다양한 종류의 펜을 이용하여 그림을 그리거나 필기를 할 수 있으며, 메모 기능을 활용하여 참여자들 각각의 의견을 게시할 수 있습니다. 이미지를 검색하거나 삽입할 수 있고, 도형을 그리는 것도 가능하며 텍스트 삽입도 자유로워 수학과 등에서도 유용하게 활용할 수 있습니다. 왼쪽 메뉴 하단의 마지막 아이콘은 레이저 포인트이며 실시간 수업 시에 중요 내용을 짚거나 지정하여 학생들이 해당 부분에 집중하게 하는 용도로 사용할 수 있습니다.

○ 잼보드의 다양한 기능

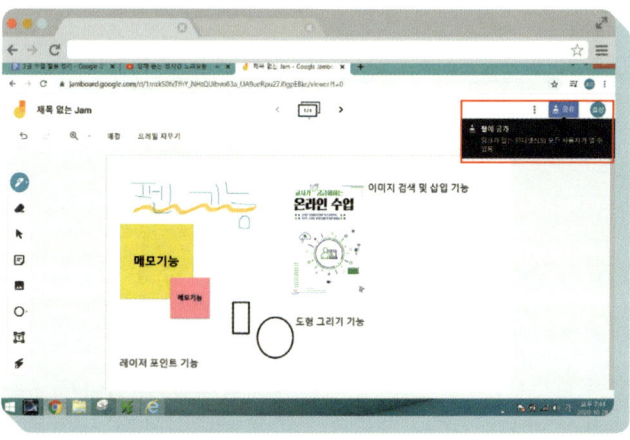

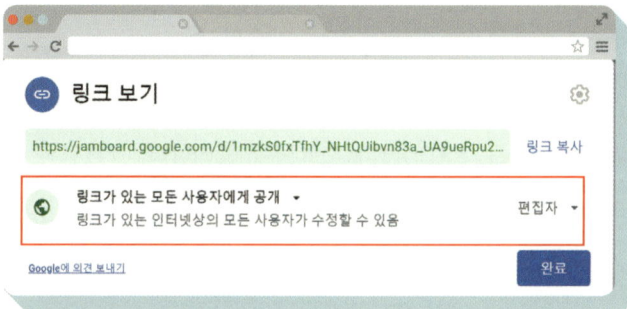

잼보드는 구글과 연동되어 있기 때문에 구글 아이디가 있으면 누구나 쉽게 활용할 수 있습니다. 학생들도 구글 아이디로 접속이 가능하나 아이디가 없다고 해서 참여하지 못하는 것은 아닙니다. 화면 오른쪽 상단의 [공유] 버튼을 눌러 [링크 보기]를 [링크가 있는 모든 사용자에게 공개]로 변경하면 아이디가 없어도 주소를 통해 잼보드에 들어와 자유롭게 작업할 수 있습니다. 기본 설정이 뷰어로 되어 있으니 협업 작업을 하고 싶다면 [편집자]로 변경해야 합니다. 학생들이 화면에 작업하지 않고 보기만 원한다면 공개설정 옆에 [편집자]를 [뷰어]로 설정하면 됩니다.

○ **잼보드를 활용한 필기 수업**

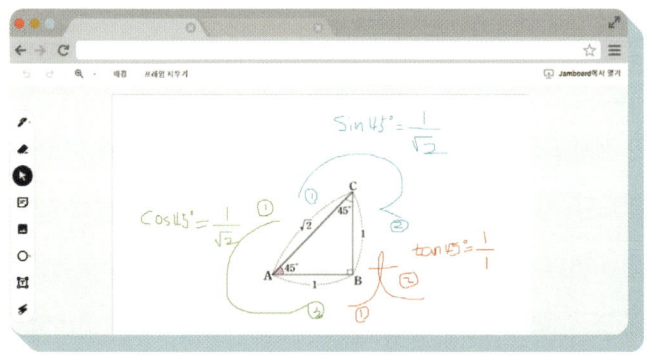

활동 준비 방법은 간단합니다. 먼저 구글에서 '잼보드'를 검색하거나 링크 주소 https://jamboard.google.com/ 를 통해 접속하고 구글 계정으로 로그인합니다. 새로 잼보드를 만들기 위해 우측 하단에 있는 '+' 모양의 아이콘을 누르면 잼보드가 생성됩니다. 잼보드의 제목이나 바탕 등을 자유롭게 설정할 수 있으므로 수업 상황에 따라 변경하여 사용하면 됩니다.

잼보드를 준비한 후에는 수업 상황에 맞도록 공유 상황을 설정합니다. 이후 학생들에게 잼보드를 사용한 활동 방법을 안내하고 링크를 제공하면 됩니다. 수업 참여 학생 중 글 읽기를 부담스러워하는 학생들이 많고 온라인 상황에서는 참여가 더욱 어려울 것 같다면 모둠별 활동으로 준비하면 좋습니다.

모둠원은 4~5명씩 총 4개 정도의 모둠을 이루도록 하고 모둠별로 본문 내용을 나누어 요약하도록 합니다. 이때 모둠별로 스티커 메모 색깔을 달리하여 모둠별 활동 상황이 한눈에 보이도록 합니다. 이후에 각자 맡은 부분을 요약하고 모둠별로 순서에 맞게 스티커 메모를 정리하도록 합니다.

잼보드의 특징을 활용해서 중요도에 따라 스티커 메모의 크기를 크게 또는 자게 조정하여 중심 내용과 보조 내용을 구분하도록 하는 것도 좋은 방법입니다. 중요한 내용의 순서나 위계가 있을 때 이와 같은 방법을 활용하면 한눈에 중요도와 위계를 파악할 수 있어서 유용합니다.

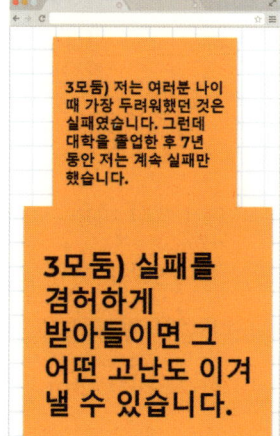

◯ 본문 내용 정리하기 (모둠 활동)

1. 모둠을 나눈다. (4~5명씩 총 4모둠)
2. 모둠별로 상의하여 본문 내용을 인원수에 맞게 나눈다.
3. 각자 맡은 본문의 핵심 내용이나 중심 내용을 정리한다.
4. 잼보드에서 모둠별로 스티커 메모 색상을 정한다.
5. 각자 맡은 핵심 내용을 스티커 메모에 적어 게시한다. 모둠명은 맨 앞에 적도록 한다.
6. 핵심 내용 정리가 끝나면 순서대로 나열한다.

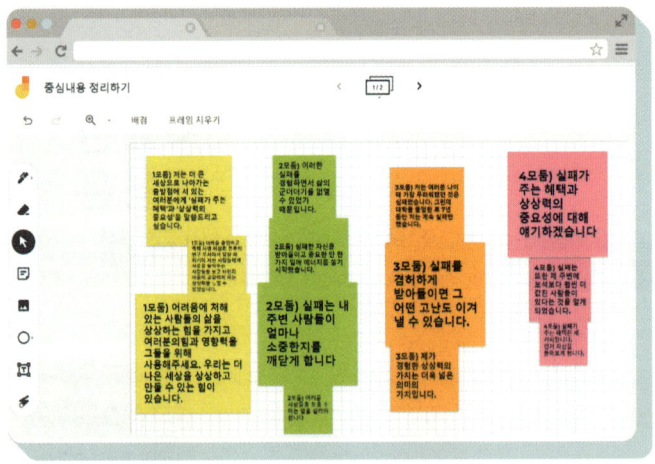

학생이 핵심 내용을 잘못 찾더라도 해당 게시물을 삭제하지 않고 보조 내용으로 분류해 놓으면 참고 자료로 사용할 수 있어서 좋습니다. 다른 모둠의 활동 내용을 보거나 선생님의 설명이 곁들여지면 학생들이 무엇이 잘못되었는지 스스로 깨닫기 때문에 수정

할 시간을 따로 줍니다. 빠진 핵심 내용을 덧붙이고 잘못 찾은 내용은 핵심에 붙는 보조 내용으로 옆이나 아래쪽에 작게 정렬하게 하면 소외되지 않고 모두가 참여하여 내용을 완성할수 있습니다.

학생들은 모둠이 협력하여 핵심 내용을 찾을 수 있어 좋았다는 반응이 많았습니다. 또한 정리 과정이 지루하지 않고 글 내용이 한눈에 들어온다는 점도 장점으로 꼽았습니다.

잼보드로 이런 수업도 가능해요!

학습 내용을 복습하거나 핵심 키워드를 정리할 때도 잼보드를 활용하여 재미있게 수업할 수 있습니다. 학생들이 돌아가면서 핵심 키워드에 대한 힌트를 그림으로 그립니다. 맞히기 어려운 힌트의 순서대로 그림을 그리는 것이 활동에 긴장감을 불어넣을 수 있으니 학생들에게 이 점을 미리 안내합니다. 그림을 그리는 사람 외에 다른 학생들은 자신의 스티커 메모 게시판에 정답을 써넣습니다. 가장 먼저 정답을 맞히는 사람 또는 일정한 시간 내에 정답을 맞힌 사람에게 보상을 하면 더 적극적인 참여를 끌어낼 수 있습니다. 사진 속 그림이 무엇을 의미하는지 선생님들도 한번 맞혀보세요. 학생들의 기발한 아이디어에 감탄하게 됩니다.

1. 학생별로 스티커 메모를 미리 만들어놓고 학번 또는 학번과 이름을 기입한 후 정답 칸을 만들어 가장자리에 메모를 배치합니다.
2. 학생별로 돌아가면서 그날 배운 내용 중 중요하게 생각하는 핵심 키워드를 나타낼 수 있는 그림을 중앙에 그립니다.
   - 정답이 보이게 그리면 너무 쉽게 맞히므로 창의성을 발휘하라고 사전 안내하면 즐겁게 참여할 수 있습니다.
   - 그림이 거의 완성되는 데도 정답자가 없으면 키워드의 글자 수를 알려줘도 됩니다.
3. 시간 내에 정답을 맞히거나 가장 먼저 맞힌 사람, 또는 6번째, 13번째, 19번째 정답을 맞힌 사람에게 보상하기 등 다양하게 보상 대상을 설정하면 눈치가 빠른 학생들 외에도 다양한 학생들이 돌아가며 보상을 받을 수 있어 모두가 즐겁게 참여할 수 있습니다.

🎯 협업해서 발표 자료 만들기

수업 형태	• 콘텐츠 활용 수업 • 과제 수행 중심 수업	활동 유형	• 개인 활동 • 모둠 활동
활동 도구	파워포인트, 구글 프레젠테이션 같은 공유 프레젠테이션		

    학생들이 조사하고 준비한 내용을 시각화하여 발표하기 좋은 형태의 결과물로 만드는 활동입니다. 국어, 영어, 수학, 과학, 사회(역사) 등의 과목에서 보고서, 신문, 카드 뉴스 만들기 등의 다양한 활동에 적용 가능하며 구글 프레젠테이션 또는 파워포인트의 [공유] 기능을 활용하여 진행합니다.

    본인이 조사한 주제에 대해 발표 슬라이드를 작성해 개인 과제 활동으로 활용해도 되고 하나의 슬라이드를 공동 작업하는 모둠 활동으로도 활용 가능합니다. 내용을 준비하여 시각화하는 활동이라면 과목과 상관없이 모두 가능합니다. 자유롭게 사진이나 그림 자료를 추가할 수 있으며, 중요한 내용을 학생이 취사선택하여 시각화할 수 있으므로 학생들은 이 활동을 통해 자신이 마련한 내용을 재구성하면서 한 번 더 복습하게 된다는 장점이 있습니다. 또한, 다른 학생들과 공동 작업이 가능하여 서로 분담하여 작성하고 부족한 부분을 보완해 나갈 수 있어서 더욱 완성도 있는 결과물을 만들어낼 수 있습니다.

'책 내용으로 신문이나 카드 뉴스 만들기' 활동을 한 수업 사례를 소개합니다.

슬라이드 형태로 내용을 재구성하려면 쓸 내용부터 마련해야 합니다. 다양한 매체 자료를 활용하여 조사하여도 되며, 책을 통해 정보를 얻어도 됩니다. 독후 활동으로 신문 만들기 활동을 할 때 학생들이 읽는 책은 어떤 장르든 관계없습니다. 책을 읽으며 메모하는 데 도움이 되도록 사전에 안내한 내용은 다음과 같습니다.

1. 책 제목
2. 분야
3. 내가 책을 선정한 이유
4. 등장인물
5. 대표 사건
6. 줄거리
7. 나의 생각 및 평가

이렇게 생성된 내용을 바탕으로 학생들은 자신의 자료를 시각화하여 구글 프레젠테이션으로 신문 또는 카드 뉴스처럼 만드는 작업을 하게 됩니다. 주제와 관련된 자료 및 사진(그림)을 포함하여 재구성하도록 안내합니다.

○ **학생이 만든 발표 자료**

학생들이 구글 프레젠테이션 사용을 어려워할 경우, 익숙한 파워포인트를 활용하여 만들고 공유 기능을 활용하도록 하면 됩니다. 공유 기능은 링크만 알면 누구나 작성이 가능하므로 접근성이 매우 높습니다.

교사는 학생이 구글 프레젠테이션으로 과제물을 제출했을 경우 비공개 댓글을 달거나 점수를 매겨 학생에게 알려주는 등 적극적으로 피드백을 해줄 수 있습니다. 또한 교사가 학생의 작품을 편집할 수 있어서 보충이 필요한 부분을 수정하고 그 이유를 알려주는 등 온라인 첨삭도 가능합니다.

수업 후에는 만들어진 프레젠테이션을 활용하여 다른 학생의 과제에 피드백을 해줄 수 있고, 프레젠테이션을 바탕으로 발표회를 열거나 발표 수업을 진행할 수도 있습니다.

 이렇게도 할 수 있어요!
- 언택트 시대에 맞게 서로 협업해서 발표 자료를 만들 수 있어요.
- 본문 내용을 시각화하여 정리할 때도 가능해요.
- 카드 뉴스나 신문 형태로 '정보 전달'을 위한 발표 자료를 만들고 활용할 수 있어요.
- 그림(사진) 자료를 추가해 시각화할 수 있어요.

🎯 학습 내용으로 사진 시 만들기

수업 형태	• 콘텐츠 활용 수업 • 과제 수행 중심 수업	활동 유형	• 개인 활동
활동 도구	사진 편집 앱, SNS 활용(페이스북, 인스타그램 등)		

　다소 딱딱한 교과 내용을 감성적으로 정리하며 학생들의 흥미를 유발하고 창의력을 발휘할 수 있는 학습 활동입니다.

　학습한 내용을 바탕으로 창작 시를 쓰거나 인상 깊은 구절을 인용하여 작품을 만드는 활동으로, 내용과 어울리는 사진을 직접 찍어 배경 화면으로 사용하고 사진 편집 앱(휴대폰 자체 사진 편집앱, 각종 사진 편집앱 사용 가능)이나 SNS 등을 활용하여 꾸며내면 한 편의 멋진 사진 시 작품이 완성됩니다. 학생들은 사진 편집 기능에 대해 잘 알기 때문에 훌륭한 작품을 수월하게 만들어냅니다.

　본 활동의 장점은 어떤 과목이든 쉽게 활용할 수 있다는 점과 학생들도 매우 쉽고 흥미롭게 접근할 수 있다는 점입니다. 예를 들어, 과학 교과에서 '대기'에 대해 학습한 후 '대기'의 특성과 우리의 삶에서 비슷한 점을 찾아 문장으로 만들거나 시를 써서 작품을 만들면 과학과 문학 교과가 융합된 활동을 해볼 수 있습니다. 수학 교과에서는 공식이나 배운 내용의 특색을 살려 내용을 마련한 후 사진과 결합하여 멋진 작품을 만들 수 있습니다. 꼭 온라인 수업이 아니어도 교실 수업 중에도 유용하게 활용할 수 있는 방법이며, 온라인 수업에서 활용하면 학생들이 좀 더 여유를 갖고 준비하며 자신의 작품을 많은 학생들과 공유할 수 있다는 장점이 있습니다.

학생들이 학습 내용을 충분히 이해했다고 판단되면 사진 시를 만드는 방법을 안내합니다. 이때 방법을 안내하는 콘텐츠를 제작하거나 안내문을 만들어 제시하면 좋습니다.

> **사진 시 만들기**
> 1. 학습 내용 중 표현하고 싶은 내용 선정하기
> 2. 선정한 내용을 시로 창작하거나 멋진 문장으로 만들기
> 3. 내용과 어울리는 사진 직접 찍기
> 4. 앱이나 사이트를 이용하여 사진 편집하고 텍스트 넣기

먼저, 학생들이 자신이나 삶과 연계할 수 있는 학습 요소의 예시를 찾아주면 좋습니다. 앞서 언급한 과학 교과의 예를 다시 들어 설명하겠습니다. 대기의 순환적 특성을 공부한 다음 '뜨거운 공기가 위로 올라가 수증기가 응축된 후 다시 비가 되어 내리는 순환적

특성을 우리 삶의 모습 중 하나로 나타낸다면?'과 같이 구체적인 학습 내용과 연계해 예시를 제시해주는 것입니다. 학습 내용이나 주제를 바탕으로 하여 다양한 아이디어가 공유될 수 있도록 한 차시를 토의 수업으로 진행하면 양질의 작품이 나올 수 있습니다. 또한 학습 내용을 여러 개로 제시해 학생들이 선택할 수 있도록 안내할 수도 있습니다. 예를 들면 대기의 순환이라는 주제를 '기화', '응축', '대류' 등으로 세분화하는 것입니다.

　이와 함께 사진 찍는 과정이나 편집의 예를 보여주거나 최종적으로 완성된 예시 몇 개를 보여줍니다. 학생들은 완성 예시만 봐도 금방 방법을 파악해 실행합니다. 다양한 예시를 많이 보여줄수록 학생들의 작품도 다양하게 나올 수 있습니다. 단, 예시는 창의성이나 사고 확장을 제한할 우려도 있으니 학생들의 특성이나 상황에 따라 달리 적용하는 것이 좋습니다.

　사진 촬영 기술이 화려하지 않아도 사진 편집 앱을 활용하면 충분히 멋진 작품이 나올 수 있다고 자신감을 불어넣으며 수업을 진행하면 좋습니다. 사진은 어떤 사물을 놓고 접사로만 잘 촬영해도 그럴듯하게 나올 수 있고 여기에 글을 입히면 분위기가 더해집니다. 실제로 학생들이 자주 이용하는 SNS나 앱 등에는 사진을 편집하고 꾸밀 수 있는 기능들이 있어 기대한 것보다 멋진 작품을 완성해내곤 합니다. 다른 친구의 작품을 보며 어떤 학습 내용을 바탕으로 작품을 만들었는지 이야기를 나눠보고 잘 된 작품들을 함께 선별하는 수업을 이어나갈 수도 있습니다.

    학생들은 이 수업을 통해 자신이 인터넷에서나 볼 수 있는 멋진 작품을 스스로 만들었다는 자부심을 느꼈고 과제의 접근성이 수월하면서도 과정이 흥미로워 좋았다는 긍정적인 반응을 보였습니다.

🎯 우리 동네 야외 수업

수업 형태	• 과제 수행 중심 수업	활동 유형	• 개인 활동
활동 도구	• 카메라 또는 스마트폰, 인터넷 카페나 밴드 등		

집에서 오랜 시간 온라인 수업을 수강하며 다소 지친 아이들에게 야외 수업이라는 특별한 경험을 제공하는 활동입니다. 온라인 수업의 교과목에서 배운 지식적인 내용을 실제 우리 주변에서 다시 한번 찾아보며 적용하는 과정으로 이루어집니다.

이 활동의 목적은 단편적인 지식 습득에 머물지 않고 한걸음 더 나아가 지식을 자신 주변의 삶과 연결하고 활용하여 확장하는 데 있습니다. 즉, 야외 활동을 통하여 확장된 시야와 고등사고능력을 함양할 수 있도록 탐구하고 수행하는 기회를 제공하고자 합니다. 또한 온라인 수업으로 장시간 모니터 앞에서 학습해야 하는 학생들에게 야외 수업은 기분 전환과 정서적 휴식의 계기가 됩니다.

온라인 수업으로 학생들이 다소 지쳐 있을 시기에 맞추어 미리 야외 활동 수업을 계획하고 배치하여 진행합니다. 아이들에겐 수업을 시작할 때 오늘은 야외 수업이라는 점을 강조합니다. 우리가 사는 동네를 포함하여 우리 삶은 사실 여러 교과에서 배우는 내용과 밀접히 연결되어 있습니다. 각자 사는 동네를 중심으로 하나의 장면(장소 혹은 대상 등)을 사진 촬영한 후, 그 장소(혹은 대상)에서 연결 지을 수 있는 교과 내용을 설명하는 과제를 제시합니다. 예를 들어, 아파트 층수와 인구수에 따른 하루 평균 엘리베이터 이용 횟수 계산해 보기, 계절에 따른 식물들의 변화 또는 공통점 발견하기, 우리 동네의 지리적 특성 설명하기, 우리 동네에서 찾을 수 있는 지역적 명소 소개하고 홍보하기, 우리 동네에 있는 영어 간판 찾아서 소개하기 등 교과의 성격에 맞추어 활동을 기획할 수 있습니다. 또는 우리 동네에서 나만 알고 있는 가장 아름다운 장소 촬영하고 스케치하기, 특별한 추억이 있는 소중한 장소 소개하기, 우리 동네를 산책하면서 새롭게 발견하고 느껴진 오감들을 작성하기 등의 활동도 가능합니다.

아이들은 동네를 돌아보며 사진을 촬영하고 그것과 연결되는 교과 내용이나 촬영한 이유, 풀이 등을 글로 작성하여 과제물을 제출합니다. 지금까지 배운 각 교과 내용을 학생들 삶 주변에서 찾아보고, 배운 지식을 활용하거나 적용함으로써 재학습 및 학습 확인까지도 할 수 있는 활동입니다.

활동을 위한 준비물은 카메라 혹은 스마트폰입니다. 교사는 학생들이 과제를 업로드할 수 있는 별도의 제출 장소(온라인 학습 플랫폼, 카페 게시판, 밴드 등)를 준비하면 됩니다. 파워포인트나 한글 프로그램 등에 작성하여 첨부파일로 제출해도 좋습니다.

야외수업의 성격상 발생할 수 있는 여러 가지 사고에 대비하여 교사는 안전교육을 실시하고 활동 시 유의 사항과 과제의 조건 등을 안내합니다. 또한 이 활동이 단편적인 놀이나 단순 일회성의 수업으로 끝나지 않고 충분한 사고와 탐구로 이어질 수 있도록 독려하고 안내합니다.

이 활동을 진행하며 유의해야 할 점들은 다음과 같습니다. 야외수업의 성격상 반드시 사전 안전교육을 진행해야 합니다.

① 차도 및 횡단보도에서의 유의사항
② 공공건물 및 이용물 사용 시 유의사항
③ 외출 시 마스크 착용 등 방역수칙 준수
④ 친구들과 함께 모여서 수행하지 않기
⑤ 수업 일정표 및 종료 시간의 필수적 확인으로 다음 수업 수강에 늦지 않기

활동 이후에는 제출한 과제 결과물을 학생들끼리 서로 공유하고, 감상할 수 있는 장소와 기회를 제공함으로써 작품 감상 및 비평글 작성하기와 같이 동료 간에 피드백과 평가를 주고받을 수 있도록 안내합니다.

　본인의 작품에 친구들의 댓글들로 감상평이 작성되고, 비평 및 평가를 받음으로써 본인의 작품이 존중받고 있다는 태도와 인상을 받게 되어 학생들은 흥미로워했고, 이에 따른 만족도가 형성되었습니다. 또한 아이들은 야외 수업의 특별함도 느끼고 잠시 모니터 앞에서 벗어나 여유와 휴식을 만끽할 수 있었다고 합니다. 지친 몸과 마음을 달랠 수 있었던 수업이라며 만족감을 드러낸 피드백을 주기도 했습니다.

이 곳은 제가 이사온 후 초등학교 후문이 아닌 정문으로 등교할 때 다닌 길입니다. 매일 지각할까봐 뛰어다녔던 기억이 있네요...ㅋㅋㅋㅋ 이렇게 찍어보니까 엄청 예쁜 길이네요!

학교갈 때 항상 지나는 곳이다.처음엔 저 건물이 뭔지 궁금했는데 한옥 모양 어린이 집이라서 신기했다.

이 사진은 아파트 뒤에 있는 사람들이 만들어놓은 작은 샛길입니다. 보통 정문으로 나가지 않고 거의 아파트 사람들 모두가 이 길로 다닐 만큼 길이 단단해져. 아파트에서 미끄러지지 않도록 장판? 패드? 를 놓아준 것이 웃펐던 기억이 떠올라서 찍었습니다

이번 과제를 하면서 꼭 여행지나 관광지가 아닌 아주 가까운 아파트 주변에서도 나에게 추억이 있는 공간이 많고 나가서 돌아다니다 보니 나에게 인상깊은 장소들에 대해서도 잠겨보아서 흥미로웠고 소중함의 가치에 대해서 다시한 번 생각해 보게 되었어요

타이포그래피로 학습 내용 정리하기

수업 형태	• 과제 수행 중심 수업	활동 유형	• 개인 활동
활동 도구	• 교과서 및 교과별 유인물, 종이, 색채 도구		

이 활동은 학기 또는 학년말 생길 수 있는 자투리 시간을 보다 의미 있게 사용할 수 있는 수업 사례로, 학습 내용을 타이포그래피 작품으로 표현해보는 수업입니다. 그리기 표현 활동을 통해 배운 내용을 다시 한번 정리하고, 이미지를 결합하는 과정에서 정보를 기억 속에 표상하는 과정인 부호화를 함으로써 입력된 지식이 단기기억에서 장기기억으로 바뀔 수 있도록 돕는 활동입니다.

한 챕터, 한 학기 또는 한 학년이 종료되는 시기에 진행하면 학생들은 교과서나 각종 학습 유인물 또는 지필고사 시험지 등을 다시 한번 꺼내 보며 학습한 내용을 정리하는 시간을 갖게 됩니다. 또한 지루해하거나 느슨해지기 쉬운 시기에 그리기 및 꾸미기 활동 등의 표현 활동을 하면 학생들의 흥미와 참여를 끌어내기에 좋습니다. 더불어 친구들의 작품을 함께 감상하며 서로 존중하는 태도를 기를 수 있습니다.

타이포그래피 표현 활동에 앞서 학생들은 그동안 본인이 사용하고 학습해왔던 교과서나 유인물 등을 책상 위에 펼쳐놓고, 한 학기(한 챕터, 한 학년) 동안 가장 흥미롭거나 인상 깊었던 단원, 주제, 문장, 단어 등을 선별합니다. 지필고사 중 본인이 틀린 문제 중에서 고를 수도 있습니다. 단어 선별에 앞서 교사가 학생들과 함께 학습 내용을 정리해보는 시간을 가지는 것도 좋습니다. 학생들이 인상 깊었던 내용을 고른 뒤에는 각자 선별 이유와 해당 개념을 짧게 정리해봅니다.

정리 과정을 마치고 나면 해당 글자를 한글이나 외국어로 변환시키고 그 글자들을 이용하여 그림문자에 속하는 타이포그래피로 표현하는 본 활동을 합니다. 글자 자체의 형상이나 성격, 이미지를 활용하여 표현하거나 개념과 연관되는 다른 이미지를 활용하여 표현하기도 하고, 사회문화적 배경 등 연관성이 있는 일체의 것들을 시각 이미지화하여 표현할 수도 있습니다. 작품이 완성되면 본인에게 왜 가장 의미 있는 글자인지 글로 정리해 발표하고 서로의 작품을 감상하는 시간을 갖고 정리합니다.

그림을 그리며 음악을 듣거나, 친구들과 대화를 하며 활동할 수 있기 때문에 학생들은 지루해하지 않고 즐겁게 참여합니다. 같은 글자를 골라도 전혀 다르게 표현되고 선별 이유도 다르다 보니 친구들의 작품을 감상하며 서로를 이해하고 생각이 확장되는 흥미로운 경험을 하게 됩니다.

이 활동을 진행할 때 유의할 점은 반드시 글자의 개념이나 내용과 관련이 있는 것들로 타이포그래피 표현을 할 수 있도록 지도해야 한다는 것입니다. 전혀 관련이 없는 내용이나 본인이 좋아하는 만화, 애니메이션 캐릭터들로 표현하게 되면 학습 내용을 복기하여 완전학습 및 장기기억으로까지 도달하게 하려는 활동 목표와 멀어지게 됩니다. 손으로 직접 그리는 것에 부담을 느끼거나 자신 없어 하는 학생들에게는 디지털 도구를 이용하여 그래픽 작업을 할 수 있도록 허용해준다면 더욱 풍부하고 다양한 타이포그래피 작품의 결과물들이 산출될 수 있습니다.

활동을 마친 후에는 타이포그래피 완성 작품들을 한곳에 모아 전시를 해도 좋습니다. 온라인 작품 전시회를 열 수도 있고 여건이 허락된다면 교실이나 학교 복도 등 오프라인 전시회로 연계해 진행할 수도 있습니다. 본인의 작품이 전시되는 특별한 경험을 통해 학생들은 이 시간을 더욱 소중하게 기억하고 추억할 수 있을 것입니다.

정리 및 피드백 활동

 학생이 과제를 수행하는 과정에서 교사가 피드백을 제공하고, 학생이 교사에게 궁금한 점을 질문해 알아가는 매우 중요한 부분입니다. 교사는 학생들이 어느 정도 이해하고 어느 부분을 어려워하는지 알 수 있고, 학생들이 과제를 수행하면서 얻은 배움을 확인시켜주고 격려할 수 있기 때문입니다.

 온라인 수업은 교사와 학생이 같은 공간에 있지 않기 때문에 질문하고 답하는 즉각적인 상호작용이 어려울 수 있습니다. 그러나 조금만 찾아보면 온라인 수업에서도 학생들과 소통할 수 있는 방법이 많습니다. 학생들에게 익숙한 SNS를 활용할 수도 있고, 학생들이 서로의 과제를 보면서 격려하고 칭찬하는 시간을 마련할 수도 있습니다. 만약 학생들의 작품을 전시하고 싶다면, 온라인 작품 전시회를 열어보는 것도 좋은 방법입니다.

질의응답과 과제 피드백하기

수업 형태	• 실시간 쌍방향 수업	활동 유형	• 개인 활동
활동 도구	• 카카오톡 채널		

　많은 학생들이 이용하는 카카오톡에 채널을 개설해 서로 올린 질문에 응답하고 과제에 피드백을 하는 방법입니다. 과목에 상관없이 교과 담당 교사로서 학생들이 과제 수행에 어려움을 겪거나 궁금한 점이 있을 때, 또는 학생의 과제에 대해 교사와 학생의 의견 교환이 필요할 때 실시간으로 소통하면서 수행평가 준비 과정을 피드백할 수 있어 과정중심평가가 가능하다는 이점이 있습니다. 또한 교사의 연락처 노출을 막을 수 있어 교사의 사생활이 보호됩니다.

　교사는 모바일 앱 '카카오톡 채널 관리자'를 다운로드하고, 회원가입을 하여 채널을 개설합니다. 사전에 학생들에게 채널을 추가하는 방법, 채널 이름을 정확히 안내합니다.

카카오톡 채널 개설 방법

1. '카카오톡 채널 관리자' 앱을 다운로드하고 로그인합니다.
2. 새 채널 만들기를 클릭해 채널 이름과 카테고리 등을 설정해 채널을 개설합니다.
3. 개설이 완료되면 홈 하단의 [채팅]을 선택하고 우측 상단의 설정(톱니바퀴 모양)을 눌러 [채팅 사용] 버튼을 활성화합니다. 이때 채팅 가능 요일과 시간 등을 지정할 수 있습니다.
4. 홈 화면의 채널명 아래 [관리]를 선택하고 다시 채널명을 누르면 홈 정보 설정 화면이 나옵니다. 여기서 [홈 공개] 및 [검색허용]을 활성화해야 다른 사람들이 채널을 검색할 수 있습니다.

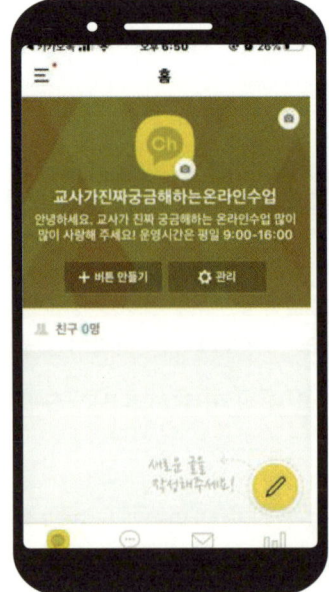

학생들은 채널을 추가하여 질문을 올리거나 자신의 과제를 교사에게 보내고 교사는 확인 후 피드백을 합니다. 사진 및 동영상 파일 전송도 가능하기 때문에 과제의 형태에 구애받지 않고 실시간 첨삭과 피드백이 가능합니다. 학생이 쓴 글을 사진 찍어 전송하면 교사가 첨삭해줄 수도 있으며 예체능 교과에서는 학생들의 실습 영상을 보며 1:1로 실시간 피드백을 제공할 수 있습니다. 언어를 가르치는 과목에서는 학생이 발음 영상을 전송하면 교사가 이를 확인하고 피드백을 해줄 수 있으며, 과학 교과에서는 집에서 간

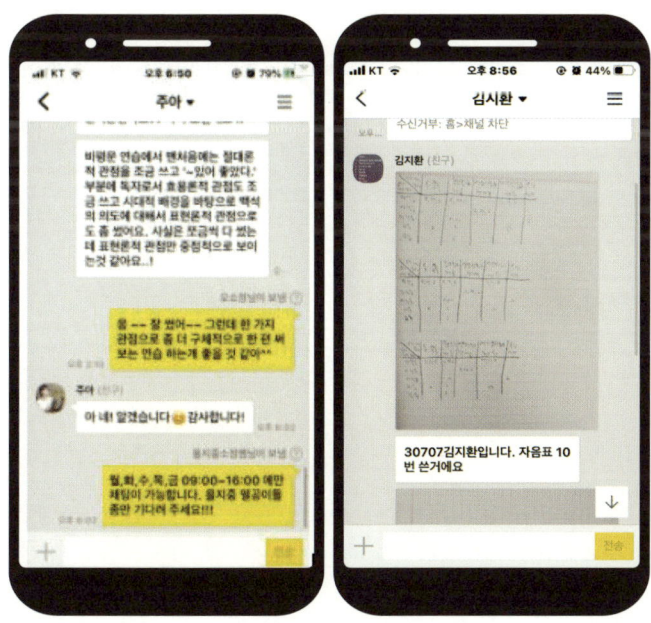

단한 실험을 한 영상을 전송할 수도 있고, 수학 교과에서는 학생이 문제 풀이를 하는 과정을 동영상으로 찍어 전송할 수도 있습니다. 이처럼 과목에 상관없이 다양한 과정중심평가가 가능합니다.

유의할 점은 카카오톡 채널에서 교사는 학생들이 먼저 말을 걸어올 경우에만 응답이 가능하다는 점입니다. 또한 학생들이 설정한 이름으로만 교사는 응답을 받을 수 있기에 학생들에게 항상 학번과 이름을 밝히도록 안내해야 합니다.

실제로 카카오톡 채널을 이용한 학생들은 피드백 받은 과제를 바탕으로 수행평가를 준비하는 데 큰 도움이 되었고, 교사와 대면하지 않더라도 1:1로 실시간 소통이 가능해 편리했으며, 훨씬 완성도 있는 결과물을 제출할 수 있어 뿌듯했다는 반응이 많았습니다.

🎯 선생님과 친구들이 함께하는 피드백

수업 형태	• 과제 수행 중심 수업 • 실시간 쌍방향 수업 • 기타	활동 유형	• 개인 활동
활동 도구	• 인터넷 카페나 밴드		

    학생이 수행 중인 과제나 최종 결과물을 교사뿐 아니라 동료 학생들이 함께 보고 댓글로 피드백을 주고받는 활동입니다. 수업 중간이나 과제 제출 이후인 수업의 후반부에서 진행할 수 있습니다. 친구의 게시물을 보면서 다양한 생각과 접근 방법을 확인하게 되고 댓글을 주고받으면서 소통의 기회를 가지게 됩니다. 이처럼 본인이 수행하고 제출한 과제물(작품)에 피드백을 주고받음으로써 서로 다른 관점과 해석을 이해하고 개방적인 태도와 확장된 사고 능력을 키울 수 있습니다. 더불어 온라인상에서 학교 및 학급에 대한 소속감을 형성하는 데 도움이 됩니다.

    EBS 온라인 클래스 및 구글 클래스의 플랫폼에서는 학생들이 수행하고 제출한 과제물을 학생 본인과 교사만 확인할 수 있습니다. 즉, 다른 친구들의 결과물을 서로 확인하고, 전체적으로 감상하는 데 한계가 있습니다. 또한 본인 게시글에 댓글이 달리거나 답변이 생성되어도 이를 알려주는 알람 기능이 없기 때문에 확인하지 않고 지나치는 경우도 많습니다. 이러한 아쉬운 점을 보완하기 위해 과제를 올리고 피드백하는 별도의 온라인 공간을 운영하는 것입니다. 밴드나 카페, 패들렛, 잼보드 등 인터넷 사이트가 주로 이용됩니다. 이 공간에서는 학생들이 완성한 과제물을 사진으로 촬영하여 업로드하면 서로의 과제물을 한눈에 확인할 수 있고, 본인의 게시글에 새로운 답변 혹은 댓글이 작성되면 실시간으로 즉시 알람이 전송되기 때문에 학생들이 바로 확인할 수 있습니다.

　이 방법은 특히 실기수업에 효과적입니다. 실기수업의 경우, 교실에서는 학생들에게 피드백을 원활하게 제공할 수 있지만 온라인 환경에서는 한계가 있습니다. 개별적으로 모든 학생에게 피드백을 글로 작성하여 제공할 수도 있지만 여러 환경과 여건상 쉽지 않으며, 피드백 내용의 양과 질에 있어서도 등교 수업 때와 비교해 아쉬움이 있습니다. 이때 교사뿐 아니라 동료 학생들이 상호 피드백을 제공하면 이를 보완할 수 있습니다. 교사가 학생에게 제공하는 피드백 외에 눈높이가 비슷하면서도 다양한 생각과 의견을 가진 동료 학생들의 댓글을 통해 훨씬 풍부한 피드백을 주고받을 수 있기 때문입니다.

활동을 순서별로 살펴보겠습니다. 과제물이 완성되면 학생들은 이를 사진으로 찍어 밴드나 카페의 학급 게시판에 업로드합니다. 그리고 다른 친구들이 올린 작품들을 둘러본 다음, 인상적이거나 마음에 드는 작품을 골라 감상평을 작성합니다. 또는 피드백이 편중되지 않도록 자신의 앞번호나 뒷번호 학생의 작품에 감상평을 작성하게 할 수도 있습니다. 감상평을 쓰는 데 어려움을 느낄 수도 있으므로 다음 질문을 예시로 제시해주어도 좋습니다.

- 친구의 작품에 이름을 지어본다면? 그 이유는?
- 가장 인상적이거나 훌륭하다고 생각하는 부분과 그 이유는?
- 친구의 작품에서 바꿔보고 싶은 부분이 있다면? 그 이유는?
- 친구의 작품을 보고 궁금하여 질문하고 싶은 부분이 있다면?
- 친구의 작품에서 새롭게 발견했거나 배울 수 있었던 부분은?

게시물을 올린 학생은 친구들이 작성한 댓글을 확인하고, 그중 질문이 있다면 직접 답변을 작성합니다.

이 활동을 진행하기 위해서 학년 초 교사는 학급별로 과제물을 업로드하고 확인할 수 있는 카페 혹은 밴드를 미리 개설한 뒤 첫 수업 때 학생들에게 주소를 안내하고, 즉시 가입할 수 있도록 지도하면 좋습니다. 또한 작품 제출 시에는 반드시 제목을 본인의 학번과 이름으로 작성할 것, 질문은 별도의 게시판에만 작성할 것 등 이용 규칙을 안내하면 효과적으로 운영할 수 있습니다.

외부에 공개되는 것이 꺼려진다면 카페나 밴드를 제한적으로 운영합니다. 카페는 글 보기에 제한을 설정하여 '회원에게만 공개'로 하면 카페에 가입된 학생들 외에는 열람이 불가능합니다. 밴드는 개설 때 보안을 설정한 비공개 밴드로 개설합니다. 교사가 제공해주는 링크로만 가입시키거나 보안코드를 학생들에게만 안내하면 외부인의 참여를 방지할 수 있습니다.

🎯 온라인 작품 전시회 '명예의 전당'

수업 형태	• 콘텐츠 활용 수업 • 실시간 쌍방향 수업	활동 유형	• 강의 • 토의
활동 도구	• OBS, 줌 등		

    학생들이 제출한 과제 작품들을 다시 한번 살펴보는 감상 수업으로, 작품의 특징이나 제작 과정, 작품에서 찾아볼 수 있는 인상적인 부분 등을 이야기하고 작품과 관련하여 부가 설명이나 토의할 수 있는 작품 리뷰 시간입니다.

    온라인 작품 전시 활동의 목적은 학생들의 자아존중감을 향상시키는 데 있습니다. 작품 전시는 학생들의 자아존중감 향상에 긍정적인 영향을 미칩니다(김연수, 「미술 수업 결과물 작품 전시가 학생의 자존감과 미술수업 및 학교생활 태도에 미치는 영향 분석 연구: 중학교 3학년을 중심으로」, 2017). 또한 비교 감상을 통하여 본인 작품 혹은 친구들의 작품을 조금 더 심층적으로 분석하고 해석하는 기회를 얻게 됩니다. 다양한 개성이 표출된 작품들을 감상하며 자연스럽게 자신과 타인의 다름을 이해하고 인정하며 존중하는 태도를 형성할 수 있습니다. 이와 더불어 전교생이 함께 감상하는 온라인 작품 전시회에 자신의 작품이 소개되기를 기대하고 바라는 마음을 갖게 되어 수업 참여도를 높이는 동기부여의 효과도 있습니다.

이 수업 활동을 진행하기 위한 준비 방법과 진행 안내를 살펴보면 다음과 같습니다. 먼저 교사는 학생들이 제출한 과제 작품들을 하나씩 잘 살펴보고 특정 카테고리별로 분류, 선별, 수합합니다. 이때 학생들의 작품에서 공통적으로 발견되는 부분, 기능적인 부분과 태도적인 부분, 학생들의 성향적인 부분, 작품 내용 등 다양한 측면을 고려하여 재미있게 분류합니다.

모든 작품을 전시하고 감상하기에는 시간과 여러 여건상 한계가 있으므로 교사는 학생 작품 중 대표성을 지니거나 함께 감상하면 효과적인 작품들을 선별하는 것이 좋습니다. 결과 및 완성도만 고려해 선별하기보다는 깊고 넓게 생각할 수 있는 소재의 작품들을 소개하면 효과적입니다. 각종 영화제 시상식 혹은 예능프로그램 시상식을 참고하여 다양한 카테고리에 맞추어 소개하는 방법도 있습니다. 이러한 비교 감상을 통해서 아이들에게 2차 학습이 일어날 수 있게끔 작품 및 자료를 준비하면 좋습니다. 학생들은 교사가 선별한 작품들을 함께 감상하며 공감하고 새로운 발견을 하며 학습합니다.

콘텐츠형 수업으로 온라인 작품 전시를 진행하는 경우에는 OBS 프로그램을 이용하여 학생들의 작품을 화면에 띄워놓고 그 아래에 교사의 모습 혹은 목소리만 등장하여 작품을 비평하는 모습을 촬영, 녹화한 후 업로드하여 학생들이 시청할 수 있도록 제공하면 됩니다. OBS 프로그램에서 화면 녹화하는 방법은 다음과 같습니다.

① **OBS 프로그램을 실행한 후 [소스 목록] 창의 [+] 버튼을 클릭합니다.**

② [디스플레이 캡쳐], [비디오 캡쳐 장치], [오디오 입력 캡쳐]를 각각 클릭합니다.

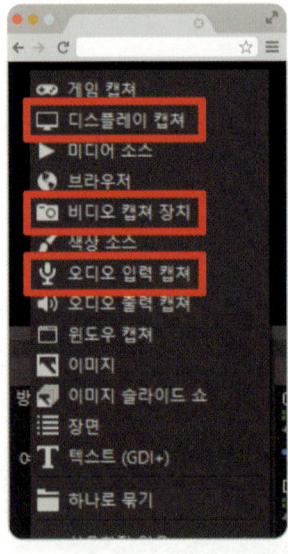

- 디스플레이 캡쳐는 PC의 화면을 보이게 합니다.
- 비디오 캡쳐 장치는 카메라(웹캠)의 화면을 보이게 합니다.
- 오디오 입력 캡쳐는 마이크의 소리를 입력하게 합니다.

②-1 [비디오 캡쳐 장치]를 클릭하면 나오는 화면에서 설치되어 있는 카메라를 선택합니다.

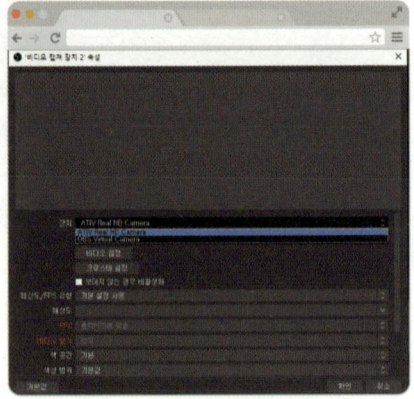

②-2 [오디오 입력 캡쳐]를 클릭하면 나오는 화면에서 설치되어 있는 마이크를 선택합니다.

③ 3가지가 모두 적용된 화면 상태 모습입니다.

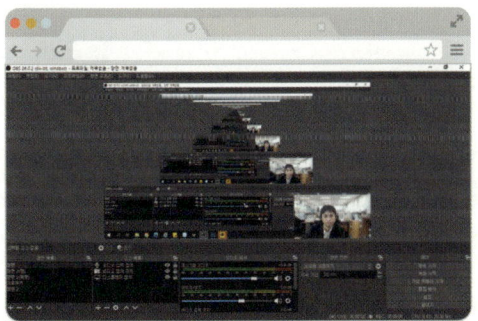

④ [녹화 시작] 버튼을 누르면 화면 녹화가 시작됩니다. 파워포인트 혹은 이미지 등 자료를 열고 수업 녹화를 진행하면 됩니다.

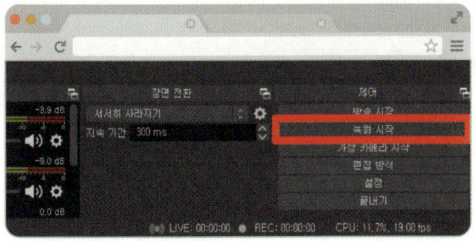

온라인 수업 실천 사례 ○ 221

⑤ 수업자료 위에 카메라에 비친 교사의 모습이 나오며 함께 녹화되는 모습입니다.

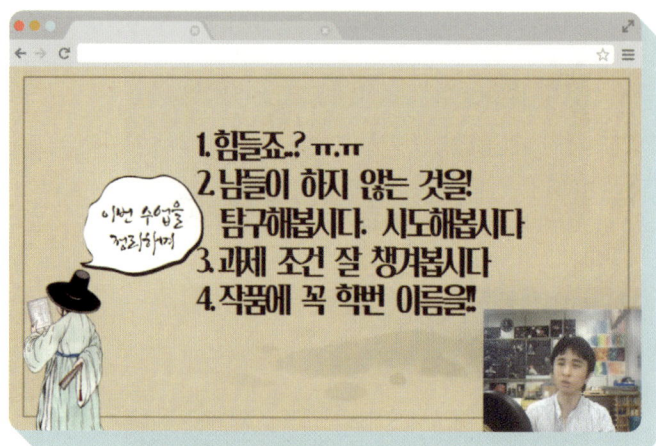

⑥ 수업을 종료하고 [녹화 중단]을 클릭합니다.

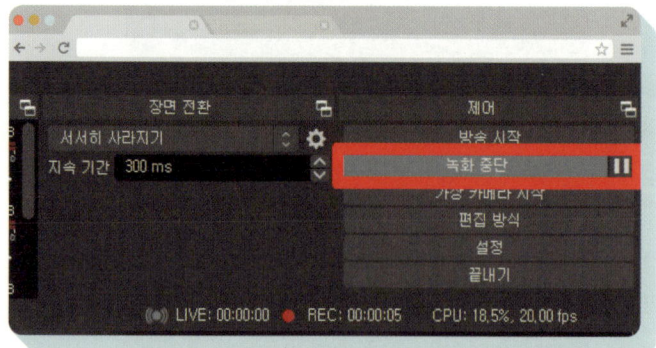

⑦ 파일의 [녹화 저장 폴더 열기]를 클릭하면 녹화된 파일이 저장된 것을 확인할 수 있습니다.

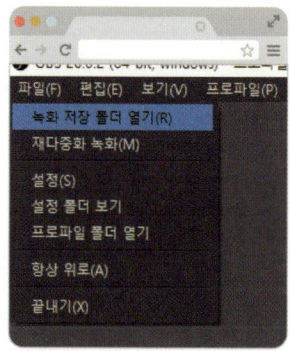

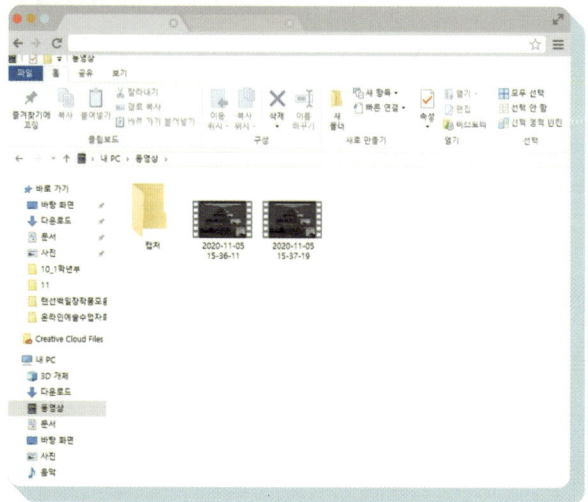

　　실시간 화상 수업으로 온라인 작품 전시를 하는 경우에는 학생들의 작품 사진 파일을 화면 공유하여 함께 감상하며 진행하면 됩

니다. 학생들은 실시간으로 채팅창에 바로 감상평을 작성해 피드백을 제공할 수도 있습니다. 또한 제작한 학생(작가)에게 직접 작품에 관한 질문을 하고, 그 대답을 받는 형식으로도 진행할 수 있습니다. 이 경우에 수업은 자연스럽게 '작가와의 만남과 대화' 형태로 진행할 수 있게 됩니다.

온라인 작품 전시 활동은 단순히 영상(혹은 수업 화면) 자체만 일방향으로 감상하게 하기보다는 감상 활동 수업을 통하여 새롭게 알게 된 점, 본인의 제작 과정과 작품에 대하여 한 번 더 탐구할 수 있도록 수업을 준비하고, 설계하면 좋습니다. 그리고 위에서 설명하였듯이 작품을 선별할 때는 완성도와 결과물 자체를 포함하여 수행 및 제작과정에서 함께 이야기하고, 나눠볼 만한 소재가 담긴 작품들도 선별하여 감상하면 더욱 깊고 풍부한 작품 리뷰 활동이 될 수 있습니다.

학생들은 본인의 작품이 친구들 모두가 보는 수업 화면에 등장하는 데다 '명예의 전당'이란 명칭까지 사용되니 큰 영광을 가진 것 같다고 답해주었습니다. 또한 이 명예의 전당에 선정되어 소개되기 위해 더욱 열심히 하고 싶다고 답한 학생들도 있었습니다. 무엇보다 이 기회를 통하여 스스로에 대한 자신감이 생겼다는 학생들의 응답이 인상적이었습니다.

수행과 과제물 제출 그리고 평가까지 완료된다고 해서 수업이 끝나는 것이 아닙니다. 평가를 통하여 학습한 것을 확인하고, 수행 과정을 다시 한번 살펴보며 점검하는 시간을 가져야 합니다. 그럼으로써 학생은 자신의 성장을 확인할 수 있습니다. 이때 교사는 학생과 이야기 나누며 학습 과정을 되짚어볼 수 있게 도와주는 역할을 합니다.

온라인 수업 중 평가

온라인 수업을 하면서 가장 고민되는 부분은 평가가 아닐까 합니다. 평가는 늘 학교 공간 안에서 학생들을 보면서 진행했는데 온라인 수업으로 전환된 후 갑작스럽게 학교 일정이 변경되는 일이 잦습니다. 학생들이 등교하기로 했다가 갑자기 온라인 수업으로 전환되는 경우가 계속 생깁니다. 이때 계획했던 평가를 하지 못하면 교과 지도에 상당히 치명적일 수 있습니다.

실시간 쌍방향 수업을 통해 평가를 진행할 수도 있겠지만 동시에 학생들의 접속 여부, 접속 안정성 확보 여부, 그리고 누구의 도움을 받지도 않고 학생 스스로 평가에 참여하는 평가의 공정성 측면에서 많은 의문이 있는 것도 사실입니다.

현재까지 제시된 온라인 수업 기간 중 평가에 대한 내용과 단계별 평가를 살펴보고 영어과와 국어과의 평가 사례를 소개합니다.

🎯 온라인 수업 중 평가 방법

　온라인 수업 기간 중 평가 방법은 현재 다음과 같은 내용이 제시되어 있습니다.

　첫째, 실시간 쌍방향 수업을 통해 직접 관찰·확인한 경우로 수업에서 실시한 토의, 토론 또는 발표 수행평가 과정에서 보인 학생의 참여도, 논리성, 이해도 등을 학생부에 기재할 수 있습니다.

　둘째, 예체능 교과목 원격 수업 후 학생이 제출한 동영상 등은 교사가 직접 관찰·확인하여 학생들의 수행 과정 및 결과를 학생부에 기재할 수 있습니다.

　셋째, 원격 수업 해당 차시 중(또는 후) 학생이 작성했지만 교사가 직접·관찰할 수 없는 경우는 학생부에 기재할 수 없습니다. 그러나 등교 수업 시 해당 자료와 연계하여 수업 활동을 전개하여 교사가 직접 관찰·확인한다면 이에 대해서는 기재가 가능합니다.

학교 여건상 실시간 쌍방향 수업이 어려울 수 있습니다. 이 경우 원격 수업을 등교 수업과 연계하면 학생부 기재를 내실화할 수 있습니다. 원격 수업 구성 시 등교 수업에서 진행할 활동과 연계하여 구성하거나 원격 수업에서 이론 수업을 먼저 진행하고 등교 수업을 활동 중심으로 운영한다면 등교 수업 개시 후 교사가 직접 관찰·확인한 내용을 학생부에 기재할 수 있습니다. 따라서 온라인 수업 때는 내용의 전달, 그리고 등교 기간에는 온라인 수업 기간에 학습한 내용을 바탕으로 평가를 진행하는 방식이 가장 현실적인 방법이 아닌가 생각합니다.

그럼, 온라인 수업 속에서 고려해야 할 평가의 단계에 대해 살펴보겠습니다.

🎯 단계별 온라인 수업 평가

1. 평가 기준과 계획 세우기

구체적으로 어떤 것을 평가할 것인지 평가 항목을 정하여 평가 기준과 평가 계획을 세우는 단계입니다. 학년 초 '평가 루브릭'을 만들어 평가 계획을 수합하여 제출하게 되는 과정입니다.

2. 평가 계획 안내

평가 계획을 바탕으로 온라인 수업을 활용하여 안내하는 단계입니다. 대면 수업의 경우, 수업 시간 중 평가 계획을 안내하게 됩니다. 온라인 수업의 경우에도 마찬가지입니다. 공지사항을 통해 평가 계획을 안내하고, 수업 시간을 통해 평가 계획을 안내합니다. 학생들이 평가에 대한 궁금증이나 질문이 있다면 질문 게시판이나, 카카오 채널, 오픈 채팅방 등 학생과 소통할 수 있는 창구를 통해 충분히 답변해주어야 합니다.

3. 평가 내용 학습

온라인 수업 과정을 통해 평가와 관련된 개념, 이론 등을 학습합니다. 평가 계획에서 세운 학습 목표에 학생들이 도달할 수 있도록 내용을 전달해야 합니다. 수업을 진행하는 과정에서 평가에 대한 부분이 수업에 언급될 수 있도록 하여 평가와 수업이 일체화되도록 합니다.

4. 평가 연습

온라인 과제를 통해 충분한 연습 기회가 마련될 수 있도록 평가와 관련된 과제를 제시하고 학생들에게 피드백을 제공합니다. '구글 설문지' 같은 도구를 활용해 매 시간 학생들의 이해 여부를 확인하는 퀴즈를 만들어 아이들이 교과 내용을 얼마나 받아들였는지 파악하면 좋습니다. 평가에 앞서서 모의로 평가 관련 과제를 제시해준 후 학생들이 스스로 평가 기준에 맞게 채점해 보는 활동도 좋습니다.

학생 활동을 수업 자료로 활용

평가 기준에 적합하게 우수한 학생 작품이나 과제 결과물을 수업 보조 자료로 활용하면 좋습니다. 온라인 과제의 한계 중 하나는 다른 친구들이 어떻게 했는지 보지 못하기 때문에 현재 자신이 잘하고 있는지 모른다는 점입니다. 이때 다른 친구들의 사례를 수업 때 보여주면 자신의 과제가 수업 과제로 활용된 학생은 성취감을 느낄 수 있고, 과제에 어려움을 겪은 학생들은 다른 학생의 사례를 통해 어떻게 과제를 하면 좋을지 참고할 수 있는 장점이 있습니다. 다만 결과물 예시는 자칫 학생들의 사고력을 제한하고 무의식적으로 교사가 선호하는 과제물의 방향을 주입하거나 알려주는 위험성이 있으므로 수업 상황에 따라 적절히 사용하거나 참고하여 학생 각자의 개성이 더 잘 표현될 수 있도록 독려해주는 과정이 필요합니다. 과제를 수업 자료로 활용할 때는 제출한 학생에게 사전 동의를 구합니다.

학생들의 질문을 바탕으로 공통 피드백 제공

피드백을 얼마나 빨리 제공하느냐도 중요하지만 얼마나 양질의 피드백을 제공하느냐에 관심을 두는 것도 중요합니다. 온라인 수업에서 설문조사를 통해 학생들의 질문을 받아보면 중복되는 질문과 교과 학습에 도움이 되는 질문들이 많이 나옵니다. 이때 정확한 답을 줄 수 있도록 교사가 사전에 준비하여 Q&A 영상을 통해 학생들의 질문과 고민에 공통 피드백을 주는 방법을 활용할 수도 있습니다. 개인별로 제공되는 피드백은 아니지만, 학생들의 공통된 궁금증과 어려움을 해소해주면서 시간도 절약하는 효과적인 피드백 방법이 될 수 있습니다.

5. 대면평가 실시

평가에 대한 충분한 안내와 함께 준비 과정까지 거치고 나면 양질의 평가가 이루어질 수 있습니다. 학생들이 긴장하지 않고 준비한 것을 다 풀어낼 수 있도록 심리적 지지를 제공하는 것이 중요합니다.

이해를 돕기 위해 이러한 평가 단계에 맞추어 실제 진행된 영어과와 국어과의 평가 사례를 살펴보겠습니다.

🎯 영어과 평가 사례: 대화하기

1. 평가 기준과 계획 세우기

영어 교과의 중학교 2학년 말하기 평가를 위해 다음과 같은 평가 기준과 계획을 세웠습니다.

성취 기준	9영02-05 주변의 사람, 사물에 대해 묻거나 답할 수 있다.		
핵심 역량	의사소통역량 지식정보처리역량 창의적사고역량	시간	2차시
평가 유형	말하기	준비물	활동지, 필기구, (스마트폰)
평가 목표	본문에서 나온 대화문에 대한 질문에 답할 수 있다.		

2. 평가 계획 안내

평가 목표는 학생들이 '주어진 대화문을 듣고 대화문에 대한 질문에 답하기'입니다. 평가는 총 2시간에 걸쳐서 진행됩니다. 평가 방식은 1과나 2과의 대화 지문 중 하나를 학생들에게 개별적으로 들려준 후, 관련 질문 2개에 학생들이 답하는 방식입니다. 평가를 위해 텍스트를 읽어주는 Text-to-Speech^{TTS} 프로그램을 활용하여 평가에 사용될 대화 파일을 만듭니다. 그런 후 파일을 온라인 학습 플랫폼에 탑재하여 학생들이 듣고 연습할 수 있도록 합니다.

3. 평가 내용 학습

온라인 수업 기간 동안, 평가에 들어가는 대화문 내용을 녹화 영상 수업 자료를 통해 설명합니다. 추가적으로 평가에 들어가는 문장을 클래스카드 애플리케이션으로 학습한 후 학습 상황을 인증 샷으로 찍어 온라인 학습 플랫폼에 올리도록 합니다.

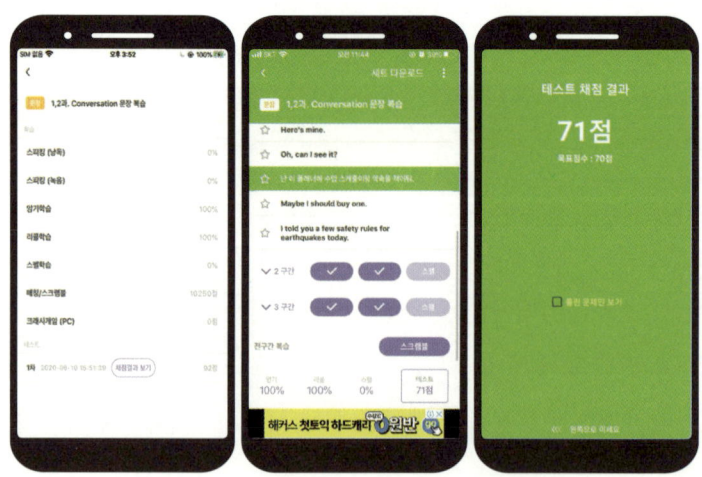

4. 평가 연습

온라인 학습 플랫폼에 탑재된 수업 자료는 학생들이 원하는 만큼 반복해서 공부할 수 있다는 장점이 있습니다. 이를 통해 학생들은 교과 내용에 친숙해지고 마음껏 연습을 할 수 있어 평가에 대한 부담감을 덜 수 있습니다. 평가에 사용될 질문 음성 파일도 평가 전에 온라인 학습 플랫폼에 탑재하여 학생들이 미리 듣고 연습할 수 있도록 합니다. 여기에 예시 답안도 제시하여 필요하면 활용할 수 있도록 합니다.

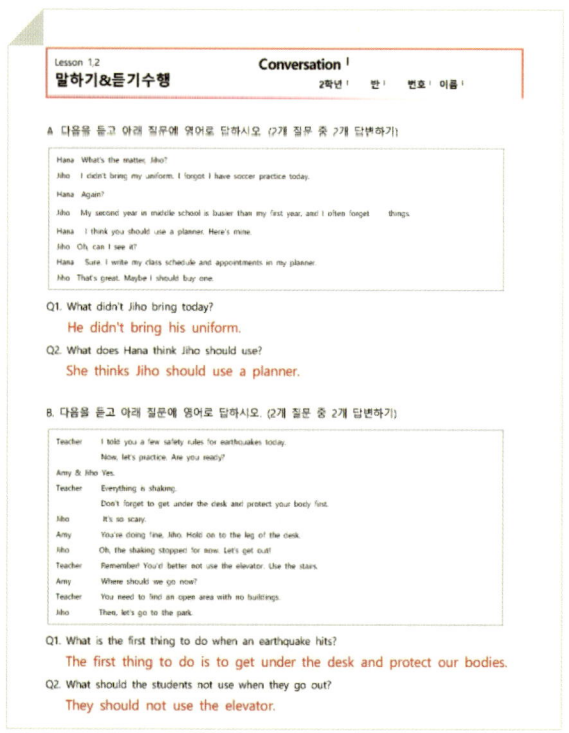

5. 대면평가 실시

평가를 진행할 때 학생들은 한 명씩 나와서 두 문제 중 어떤 문제를 들을지 동전 던지기를 하여 결정합니다. 동전을 던져서 앞이면 1번 대화, 뒤면 2번 대화를 재생합니다. 놀이 요소를 반영하여 평가에 재미를 더하면 학생들이 좀 더 가벼운 마음으로 평가에 임하게 됩니다. 교사가 학생에게 특정 질문을 제시했을 경우 문항의 난이도 차이가 발생하여 민원이 생길 수 있으나 학생이 직접 동전을 던져서 앞/뒤가 나왔을 경우 자신이 결정한 것이라 불만이 생기지 않고, 우연이라는 게임적 요소가 개입하여 평가의 긴장도도 낮춰줄 수 있습니다. 게다가 학생들은 모든 자료가 다 온라인 플랫폼에 탑재되어 있고, 몇 번이고 반복 연습할 수 있어 좋았다는 반응을 보였습니다.

6. 평가 기준

○ **교수·학습 및 평가 운영안**

차시	교수·학습활동 계획	평가 계획
1차시	핵심 표현을 복습하고, 대화의 내용을 익힌다.	개별 평가
2차시	개별적으로 1~2단원 대화문 평가를 실시한다.	개별 평가

○ 채점 기준표

평가 항목	평가 기준 및 배점	
리허설 (2점)	리허설에 성실히 참여했는가?	
	- 리허설 시 질문 2개에 대해 답을 했다.	2점
	- 리허설 시 질문 1개에 대해 답을 했다.	1점
	- 리허설 시에 참여하지 않았다.	0점
1차 듣고 답하기 (4점)	대화의 내용에 대한 질문을 이해하고 답을 할 수 있는가? • 완벽한 문장이 아니더라도 의미가 전달되면 인정함.	
	- 대화를 듣고 주제와 요지를 정확하게 파악한 후, 질문에 정확한 대답을 할 수 있다. 대답 시 문형의 선택이 적절하고 어법적인 오류가 없으며 발화 속도와 발음이 매우 자연스럽다.	4점
	- 대화를 듣고 주제와 요지를 대략적으로 파악한 후, 질문에 대답할 수 있다. 대답 시 문형의 선택이 적절하나 어법적인 오류가 다소 있고 발화 속도와 발음이 다소 부자연스럽다.	3점
	- 대화를 듣고 주제와 요지를 파악하여 답변한 내용이 다소 질문과 맞지 않다. 대답 시 문형의 선택이 적절하지 않고 어법적인 오류가 많이 보인다. 발음이 부자연스럽다.	2점
	- 대화를 듣고 주제와 요지를 전혀 파악하지 못하고, 질문에 대한 대답을 전혀 하지 못한다.	1점
2차 듣고 답하기 (4점)	대화의 내용에 대한 질문을 이해하고 답을 할 수 있는가? • 완벽한 문장이 아니더라도 의미가 전달되면 인정함.	
	- 대화를 듣고 주제와 요지를 정확하게 파악한 후, 질문에 정확한 대답을 할 수 있다. 대답 시 문형의 선택이 적절하고 어법적인 오류가 없으며 발화 속도와 발음이 매우 자연스럽다.	4점
	- 대화를 듣고 주제와 요지를 대략적으로 파악한 후, 질문에 대답할 수 있다. 대답 시 문형의 선택이 적절하나 어법적인 오류가 다소 있고 발화 속도와 발음이 다소 부자연스럽다.	3점
	- 대화를 듣고 주제와 요지를 파악하여 답변한 내용이 다소 질문과 맞지 않다. 대답 시 문형의 선택이 적절하지 않고 어법적인 오류가 많이 보인다. 발음이 부자연스럽다.	2점
	- 대화를 듣고 주제와 요지를 전혀 파악하지 못하고, 질문에 대한 대답을 전혀 하지 못한다.	1점

 국어과 평가 사례: 비평문 쓰기

1. 평가 기준과 계획 세우기

성취 기준	근거의 차이에 따른 다양한 해석을 비교하여 작품을 감상한다.		
핵심 역량	문화향유역량, 의사소통역량, 자기 성찰·계발 역량		
평가 유형	글쓰기	시간	2차시
평가 요소	작품 감상의 관점 제시, 자신의 해석을 뒷받침할 적절한 근거 제시, 참신한 해석 및 평가, 감상의 관점에 맞는 해석, 맞춤법 및 통일성		
평가 목표	1) 주어진 자료에서 시 2편을 선택하여 비평문을 작성한다. 2) 반영론, 표현론, 효용론, 절대주의적 관점에서 관점을 선택하여 작성한다.		

2. 평가 계획 안내

 평가 목표는 '주어진 자료에서 시 2편을 선택하여 비평문을 작성하는 것'입니다. 단순히 시에 대한 감상을 적는 것이 아니라 문학 작품을 바라보는 4가지 관점(반영론, 표현론, 효용론, 절대주의)에 대한 이해가 선행된 뒤 관점에 맞는 근거를 제시하며 총 두 편의 비평문을 적도록 합니다. 자료는 〈선택 1〉 이육사/백석의 시 5편, 〈선택 2〉 청소년기 학생들이 충분히 느끼고 공감할 수 있는 시 5편을 각각 준비합니다.

3. 평가 내용 학습

교과서 수록 작품을 여러 가지 관점으로 해석하는 수업을 통해 '비평문'의 개념과 '문학을 바라보는 관점'에 대한 적용 수업을 온라인상에서 실시하도록 합니다. 〈선택 1〉의 자료는 미리 공개하여 시인과 시에 대한 대략적인 내용을 설명합니다.

4. 평가 연습

시를 학습한 후 비평문 쓰기 연습을 과제로 제시합니다. 과제는 '카카오톡 채널'을 이용해 사진이나 파일로 전송하도록 합니다. 교사는 학생들의 글을 읽고 첨삭을 통해 등교 수업 때 있을 수행평가에 대비할 수 있도록 돕습니다. 〈선택 1〉의 자료는 미리 공개하고, 〈선택 2〉의 자료는 수행평가 당일에 공개하여 〈선택 1〉의 시를 읽고 미리 대비할 수 있도록 합니다.

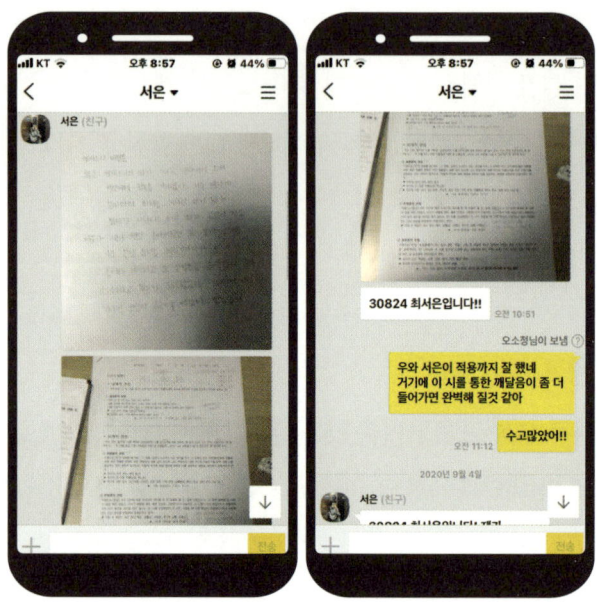

5. 대면평가 실시

사전에 안내한 것처럼 〈선택 1〉의 자료와 〈선택 2〉의 자료 꾸러미를 제시하고, 관점을 밝혀 총 2편의 비평문을 쓰도록 합니다.

6. 평가 기준

평가과제명	평가 요소	평가척도 (10점)	채점 기준
비평문 쓰기 (서·논술형 평가)	감상 관점의 제시	상(2점)	작품을 바라보는 관점을 2가지 이상 제시함.
		중(1점)	작품을 바라보는 관점을 1가지 제시함.
		하(0점)	작품을 바라보는 관점을 제시하지 않음.
	자신의 해석을 뒷받침할 적절한 근거 제시	상(2점)	해석을 뒷받침할 수 있는 적절한 근거를 제시함.
		중(1점)	작품 해석 근거를 제시하였으나 미흡함.
		하(0점)	작품 해석 근거를 전혀 제시하지 않음.
	참신한 해석 및 평가	상(2점)	자신만의 참신한 해석으로 작품을 평가함.
		중(1점)	기존의 해석을 이해하였으나 참신한 해석은 미흡함.
		하(0점)	참신한 해석을 전혀 제시하지 않음.
	감상의 관점에 맞는 해석	상(2점)	작품 감상 관점을 밝혀 관점에 바르게 해석함.
		중(1점)	감상의 관점이나 해석을 밝혔으나 내용이 타당하지 않음.
		하(0점)	작품 감상의 해석을 전혀 서술하지 않음.
	맞춤법 및 통일성	상(2점)	맞춤법에 맞게 통일성 있게 서술함.
		중(1점)	맞춤법과 통일성을 어긴 문장이 일부 발견됨.
		하(0점)	맞춤법과 통일성에 맞지 않음.

(04)

온라인 학습에
유용한 프로그램

온라인 수업은 컴퓨터, 스마트 태블릿, 인터넷 등의 정보통신 도구를 활용해서 진행됩니다. 따라서 하고자 하는 활동에 어떤 프로그램을 사용하면 교육적으로 가장 효과적인지 알아야 하고, 그 사용법도 배워야 합니다. 여기서 기억해야 하는 것은 교사가 컴퓨터 전문가가 될 필요는 없다는 점입니다. 우리가 해야 하는 수업을 온라인으로 구현하기 위해 필요한 최소한의 프로그램 사용법과 활용 방법을 익힌다는 가벼운 마음으로 접근해야 수많은 프로그램을 접했을 때 압도당하지 않습니다. 이 장에서는 온라인 수업에서 유용하게 사용되는 프로그램과 인터넷 사이트를 상세하게 설명하겠습니다.

에드퍼즐 Edpuzzle

에드퍼즐은 학생 중심 과제 활동을 보완해줄 수 있는 사이트입니다. 일반적으로 수업 영상을 본 후에 별도의 과제를 제시하는 경우가 많은데, 에드퍼즐은 동영상 시청 중간에 객관식, 서술형 문제를 삽입해서 내용 전달과 학습 확인을 한번에 진행할 수 있습니다. 따라서 학생들은 집중력을 흐트러뜨리지 않고, 수업 영상 시청 및 학습 활동에 집중할 수 있습니다.

에드퍼즐을 사용하려면 먼저 사이트 edpuzzle.com에서 회원 가입 후 [I'm a teacher]로 접속합니다. [My Content]에서 [Add Content]를 클릭하고 업로드하고자 하는 영상 파일을 선택합니다.

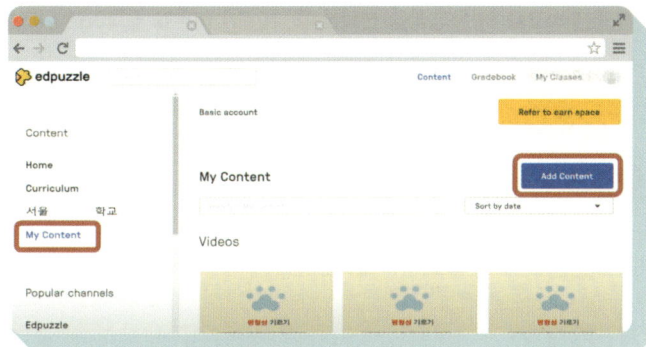

유튜브 영상을 사용하려면 메뉴에서 유튜브를 클릭합니다. 유튜브에 있는 모든 영상을 가져올 수 있는데 교사가 미리 영상을 찍어 유튜브에 올린 다음 해당 영상의 링크를 복사하기만 해도 바로 영상 편집 단계로 넘어갑니다.

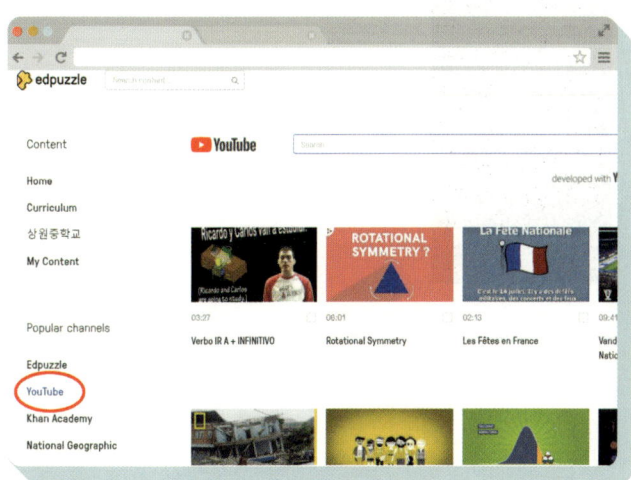

○ 편집하고자 하는 영상을 선택한 후, [Edit] 버튼을 클릭하면 퀴즈를 추가해서 편집할 수 있는 화면으로 전환됩니다.

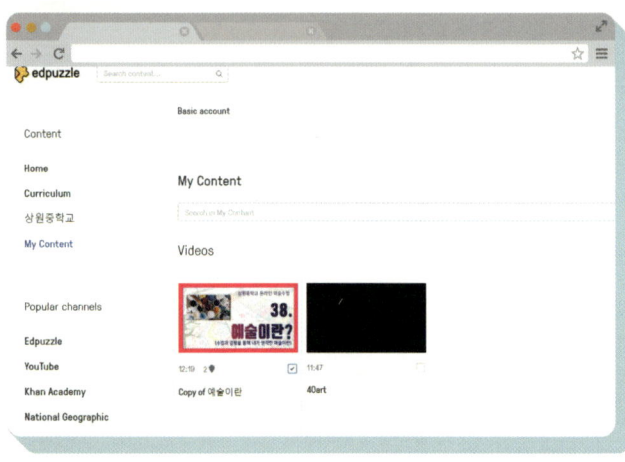

◉ 영상 중간에 퀴즈를 내고 싶은 부분을 일시정지한 후 [Question] 버튼을 누릅니다

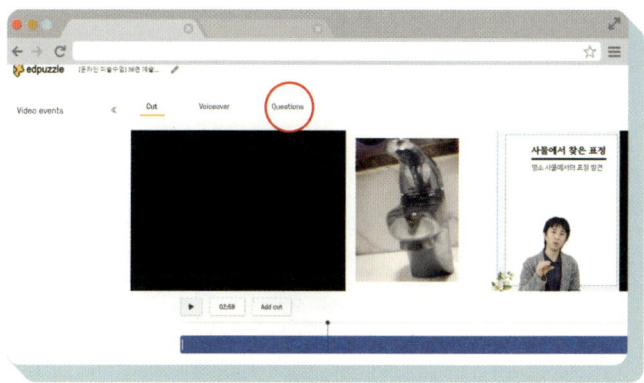

◉ [Question] 버튼을 누르면 다음과 같은 질문들이 유형이 나옵니다. 원하는 질문의 유형을 선택하여 작성 및 제작하면 됩니다.

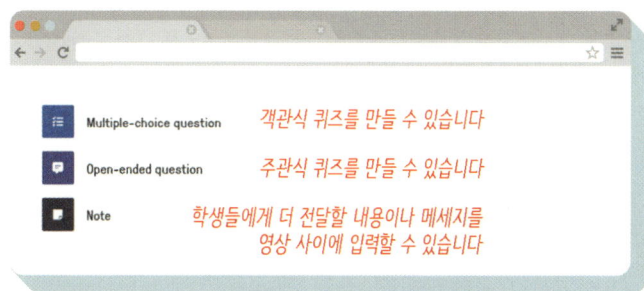

- 객관식 문제|Mutiple-choice question: 질문과 문항을 작성하고, 문항별로 정답과 오답을 체크한 후 저장합니다. 빨간 동그라미의 체크는 문제의 정답, 파란 동그라미의 엑스 표시는 오답입니다.

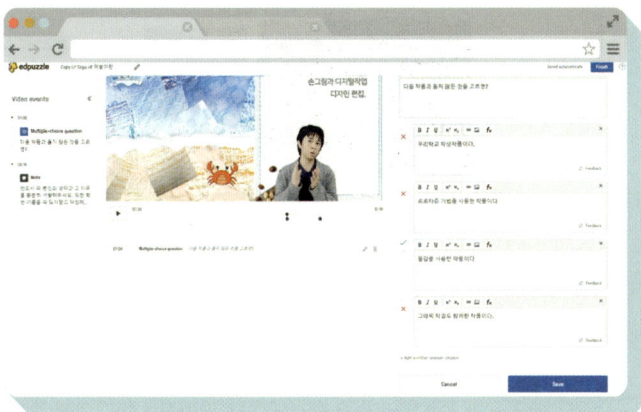

◉ 영상 중간에 제시된 '객관식 문제'가 학생들이 보는 화면에서는 다음과 같이 나타납니다.

- 주관식 문제Open-ended question : 영상과 관련한 주관식 문제를 작성한 후 저장 버튼을 누릅니다.

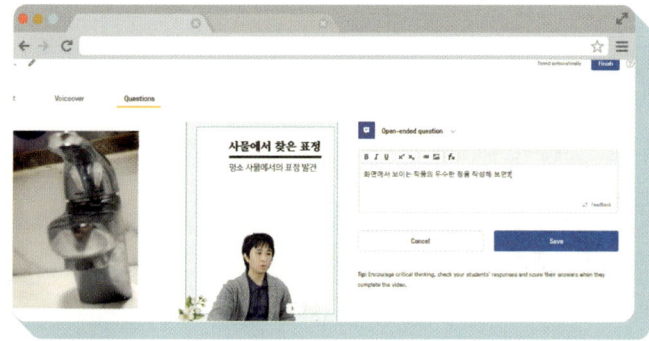

◎ 영상 중간에 제시된 '주관식 문제'가 학생들이 보는 화면에서는 다음과 같이 나타납니다.

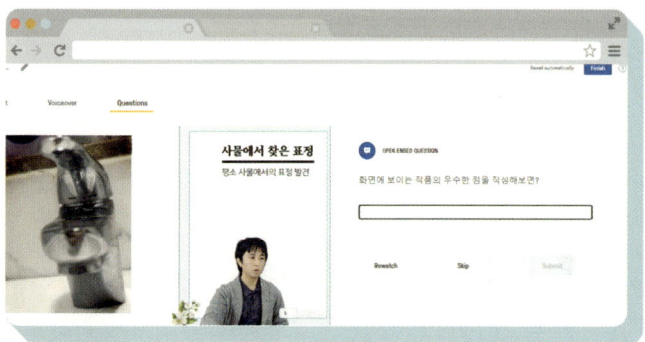

- 부가 설명Note: 영상과 관련하여 부가 설명이나 전달할 내용들을 작성한 후 저장 버튼을 누릅니다.

○ 학생들이 보는 화면에서 작성한 내용이 다음과 같이 나타납니다.

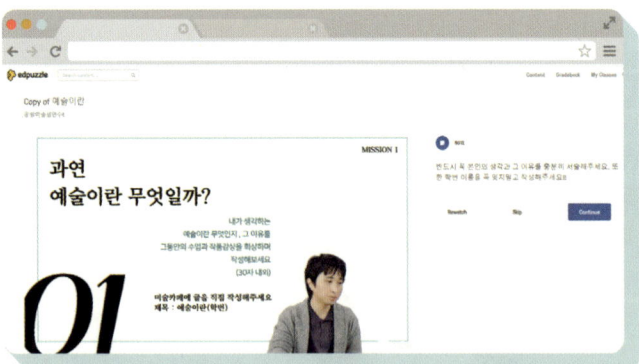

- 작성이 완료됐으면 [Finish] 버튼을 눌러서 저장합니다.

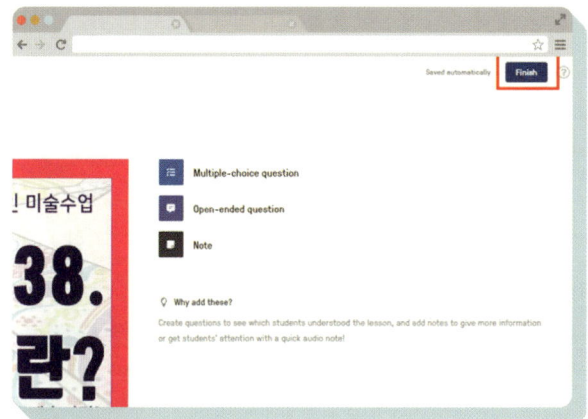

- 다시 [My Content]로 돌아가서 저장된 영상을 클릭한 후 오른쪽 메뉴 중의 [Assign]을 클릭합니다.

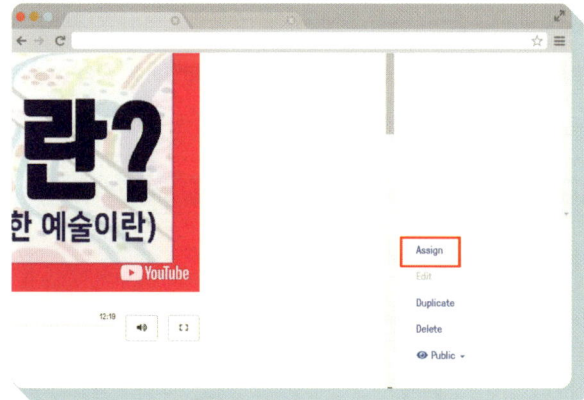

○ 구글 클래스룸을 사용하는 경우 [Assign to a class]를 눌러서 바로 구글 클래스룸에 수업 영상을 올립니다. 이때 임의로 영상을 넘기지 못하게 하는 기능prevent skipping도 쓸 수 있습니다.

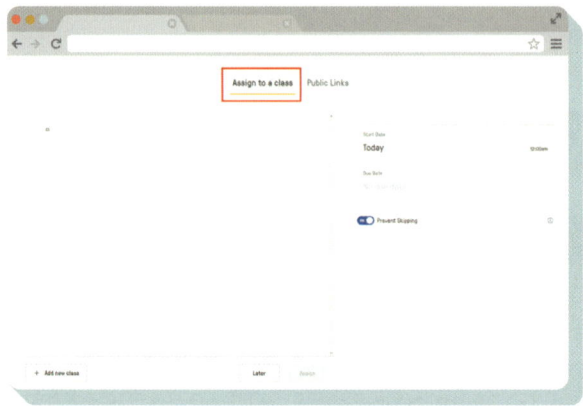

○ 학생들이 구글 클래스룸을 통해 과제를 수행했을 때 [My Class] 메뉴를 선택해서 학생들의 응답을 채점하고 점수를 확인하여 학습 상황을 확인할 수 있습니다.

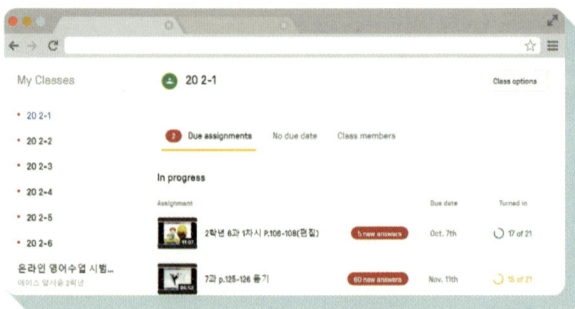

○ 구글 클래스룸을 사용하지 않는다면 [Public Links]를 클릭해 주소를 생성하고 학생들에게 안내, 배포하면 됩니다. 다만 이 경우에는 영상 넘기기 방지 기능을 사용할 수 없는 아쉬움이 발생합니다. 이 점을 참고하여 활용하시길 바랍니다.

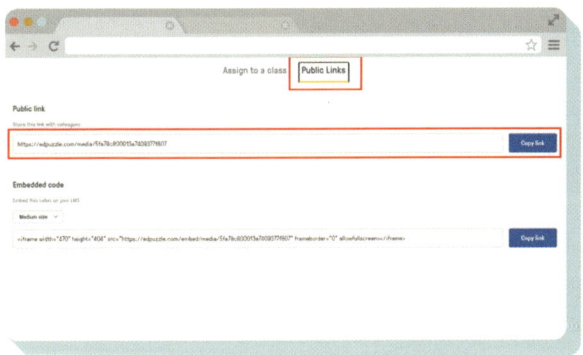

라이브워크시트 Liveworksheets

라이브워크시트는 콘텐츠형 수업이나 실시간 쌍방향 화상 수업 시 학생들에게 제공하는 학습지(워크시트)를 유용하게 제작하여 배포할 수 있는 사이트입니다.

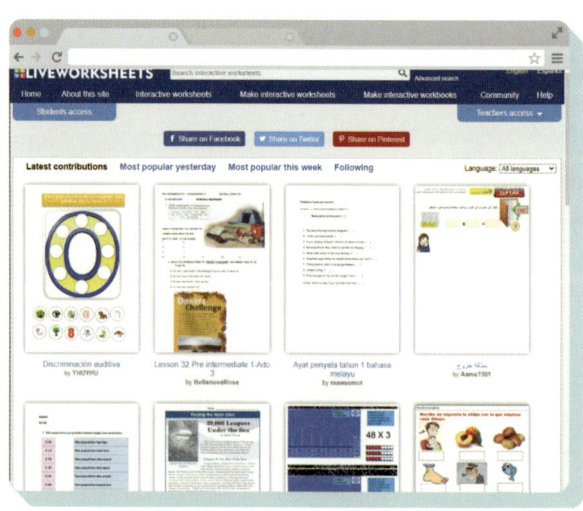

학습지를 새로 만들기보다는 교과서에서 제공하는 형성평가 지면이나 교사가 제작한 학습지를 스캔하여 온라인 학습지로 제공할 때 유용합니다. 학생들은 컴퓨터 혹은 스마트폰에서 학습지 문제에 대한 답을 직접 작성한 후 선생님에게 메일로 전송할 수 있으며 본인이 작성한 정답 및 오답을 바로 확인할 수 있습니다.

- 사이트 liveworksheets.com에서 [Teachers access]를 선택 후 회원 가입 합니다.

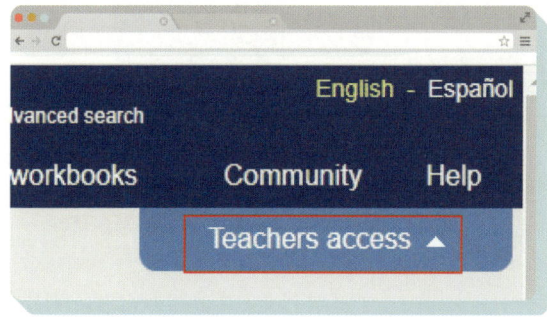

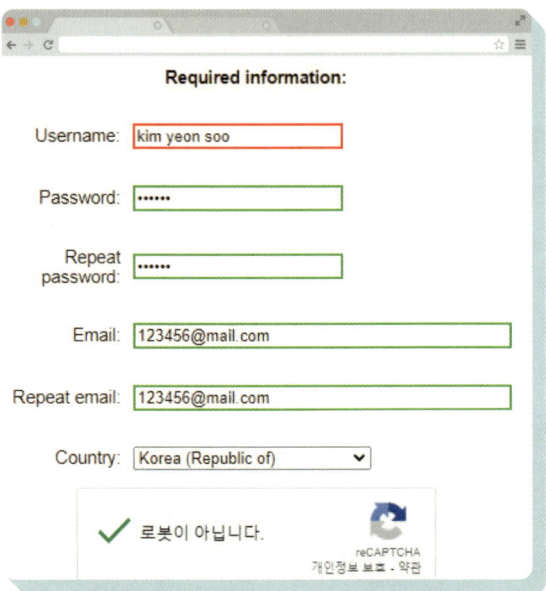

○ 메뉴의 [Make interactive worksheets]에서 [Get started]를 누르면 학습지를 제작할 수 있습니다.

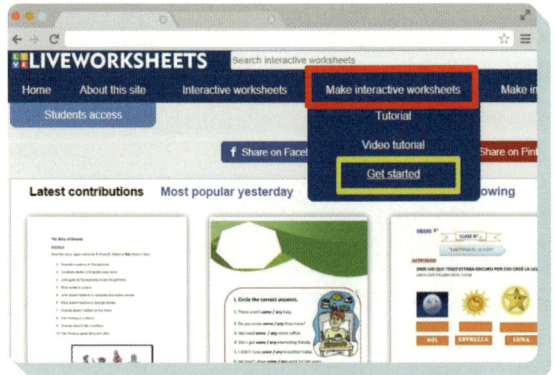

○ ①번 [파일 선택] 버튼을 눌러서 학습지 파일을 불러온 후, ②번 [업로드] 버튼을 누릅니다. 이때 docx, pdf, jpg, png 파일만 업로드할 수 있으므로 한글 및 기타 파일은 jpg나 pdf로 먼저 변환한 뒤 업로드합니다.

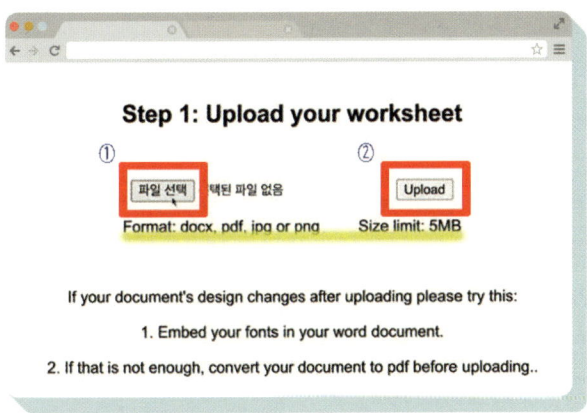

라이브워크시트 학습지 제작의 기본 방법은 드래그입니다. 매우 간단합니다. 드래그로 모양을 잡아 학습지에서 답안을 작성하거나 선택할 부분의 영역을 만들어주기만 하면 됩니다. 따라서 빈칸 채우기 문제를 낼 때 손쉽게 활용할 수 있는 기능입니다.

하지만 이외의 방법들로 문제의 답을 선택하게 하거나 드롭다운, 체크박스, 화살표 연결하기, 학습지 내에서 오디오 듣기, 유튜브 영상 보기 등을 할 때는 명령어를 입력해야 합니다. 자주 사용하는 명령어들은 다음과 같습니다.

- **객관식 정답 선택**: select:yes(정답), select:no(오답)
- **드롭다운**: choose:A/B/*C (C가 정답)
- **체크박스**: tick:yes(정답), tick:no(오답)
- **MP3 파일 추가**(학습지 내에서 듣기, 소리파일 제공): playmp3(파일 선택하여 업로드. 파일 크기는 5MB까지만 가능)
- **유튜브 영상 첨부**: 드래그한 후 그 안에 유튜브 영상 주소 입력

◉ 학습지 제작이 완료되었으면 아래 사진과 같이 저장, 공유를 합니다. 다른 사람들과의 공유 여부를 선택한 후, 파일 이름을 작성하고 저장 버튼을 누르면 학습지를 공유할 수 있는 주소가 생성됩니다.

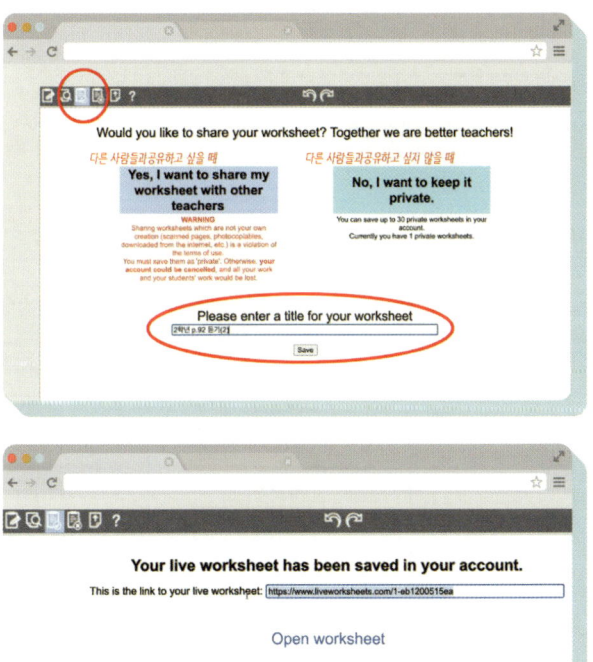

다음은 학생들이 선생님의 메일로 답안을 제출하고, 정답과 오답을 바로 확인할 수 있게 하는 방법입니다.

○ [Custom link]를 클릭하고 밑줄 표시된 부분을 작성한 후 링크를 학생들에게 배포합니다.

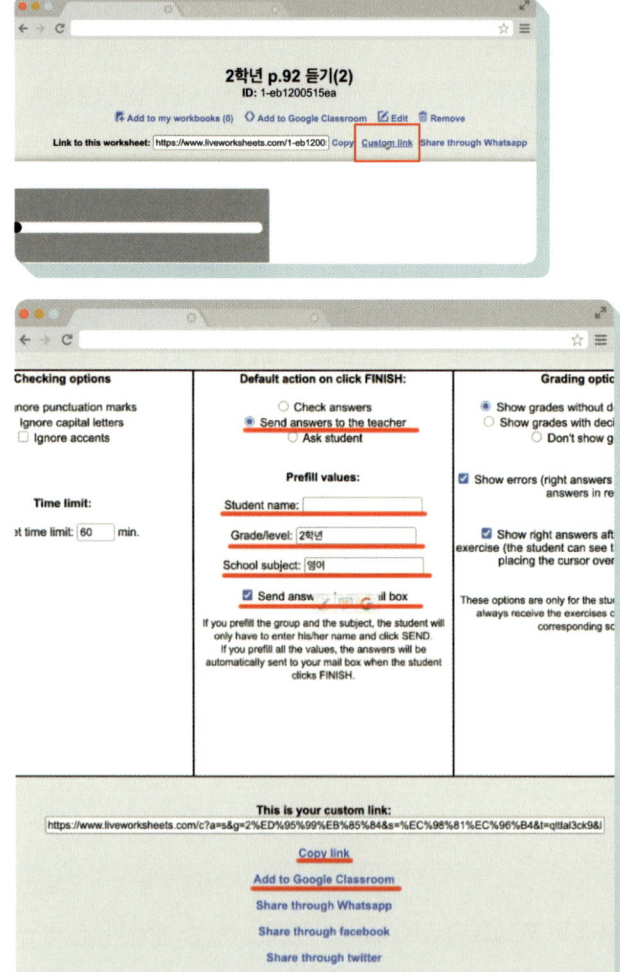

라이브워크시트는 학습지를 만들기 위해 명령어를 사용해야 하는 점이 좀 번거로울 수 있습니다. 이와 유사하지만 좀 더 사용법이 간단한 사이트로 '티처메이드 teachermade.com'가 있습니다. 티처메이드는 마우스로 클릭해서 기능을 삽입할 수 있기 때문에 좀 더 직관적으로 자료를 만들 수 있습니다.

페어덱 Peardeck

페어덱은 콘텐츠형 수업이나 실시간 쌍방향 화상 수업 시 유용하게 사용되는 도구 중 하나입니다. 페어덱을 활용하면 수업의 특성에 맞게 학생들이 다양한 방법으로 반응하도록 수업 자료를 제작할 수 있습니다. 영상을 모두 시청 완료하고 과제를 수행하는 방식이 아니라, 수업의 단계마다 학생들이 응답하거나 과제 수행을 할 수 있도록 돕는 도구입니다. 프레젠테이션이나 교과서로 수업 자료 콘텐츠를 제작하여 학생들에게 제공하는 방식이 일방적이어서 고민되는 선생님들께 유용한 도구입니다.

페어덱 사이트 peardeck.com에서 [교사 로그인]을 누르면 구글 계정을 활용하여 로그인이 가능합니다. 로그인을 하면 수업 자료를 만들 수 있는 기본 플랫폼 세 가지를 선택하도록 되어 있습니다. [강의 만들기]는 구글 프레젠테이션과 연계되어 교사가 원하는 형식대로 자유롭게 수업 자료를 만들 수 있으며, [프롬프트 선택]은 페어덱에서 제공하는 학습지 형태를 선택하여 사용할 수 있습니다. [어휘 목록 만들기]는 단어장을 만들 수 있는 플랫폼을 제공합니다. 여기서는 [강의 만들기]를 위주로 하여 페어덱의 기능을 살펴보겠습니다.

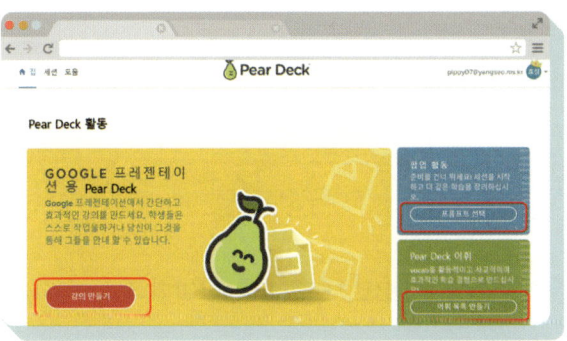

페어덱은 구글 프레젠테이션과 연계되어 있으므로 구글 슬라이드에서 페어덱이 연동되도록 간단한 초기 작업이 필요합니다.

○ **[강의 만들기]를 선택하면 구글 프레젠테이션이 열립니다.**

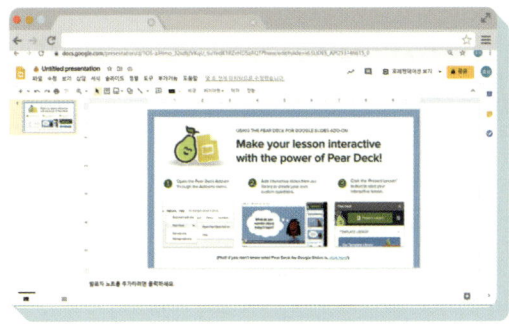

○ 상단 탭에서 [부가기능] 선택 후, [Pear Deck for Google Slides Add-on]을 누르고 오른쪽의 [Open Pear Deck Add-on]을 누릅니다.

화면 오른쪽에 페어덱 도구 툴이 설정됩니다. [Text](서술형), [Choice](선다형), [Number](숫자 입력), [Website](웹사이트 자료 활용), [Draw](그림 그리기), [Draggable](드래그하기) 등 6가지 활동으로 응답 방식을 선택하여 수업 자료를 제작할 수 있습니다.

초기 설정이 완료되면 6개의 도구를 활용하여 슬라이드별, 또는 학습 내용의 특성에 맞게 학생의 과제 수행 및 응답 방식을 선택하며 수업 자료를 제작하면 됩니다. 각각의 도구 활용법에 대해 간단하게 살펴보겠습니다.

Text: 슬라이드 내용에 대해 학생들이 서술형으로 응답할 수 있도록 하는 기능입니다. 학생의 입장에선 다음과 같은 화면으로 나타나게 되며 오른쪽 '여기에 답변'에 응답을 하면 교사는 학생별 응답 내용을 확인할 수 있습니다.

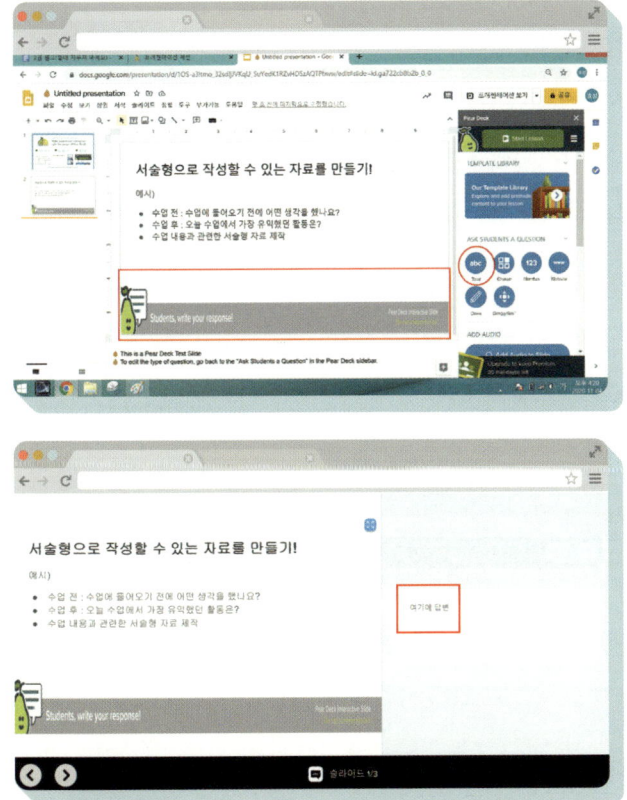

Choice : 객관식 응답 기능으로 학생들은 다음과 같이 보기 중 정답을 선택하는 방식으로 응답이 가능합니다. 응답은 실시간으로 교사에게 통계로 나타나게 됩니다.

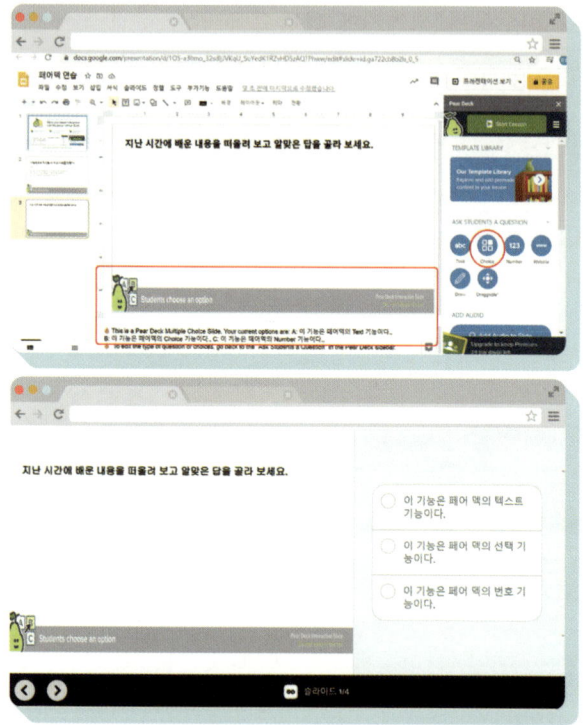

Number: 정답이 수와 관련되었을 때 사용할 수 있으며 학생들의 응답 범위를 한 번에 확인할 수 있다는 장점이 있습니다.

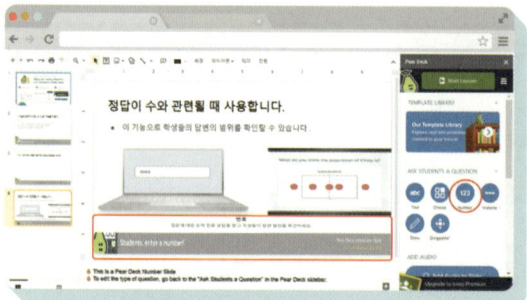

Website: 웹사이트 링크를 걸어 학생들이 필요한 사이트에 접속해 탐색할 수 있게 하는 기능입니다. 수업 설명 동영상을 링크하거나 학습에 필요한 사이트를 연결하여 수업을 진행할 수 있습니다.

 링크 연결시 유의 사항

- 유튜브 등 사이트를 연결할 때 '공유'나 '링크 복사'를 사용하지 말고 주소창에 있는 주소를 복사하여 붙여넣기 해야 오류가 나지 않음
- 링크에서 'watch?v='을 삭제하고 'embed/'로 수정해야 Preview에서 영상 미리보기가 가능

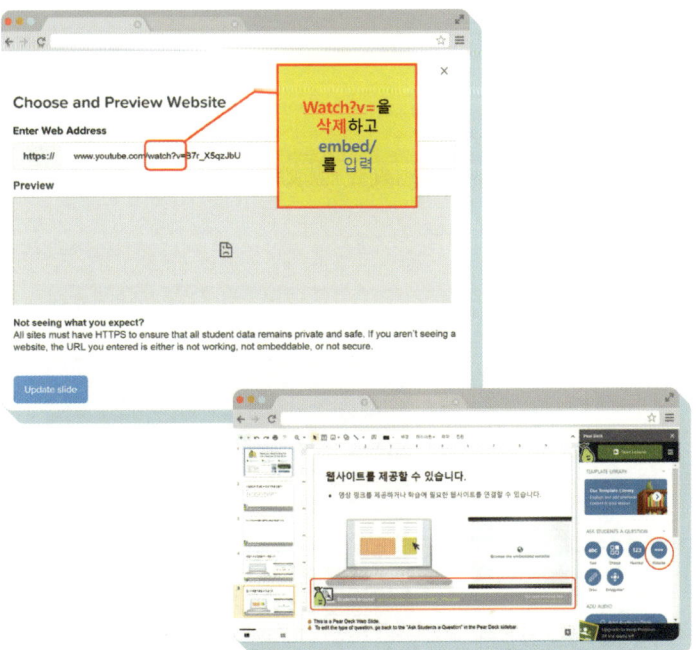

주소를 수정하면 아래와 같이 영상 미리보기가 활성화됩니다.
주소를 수정하기 전에는 미리보기가 활성화되지 않습니다.

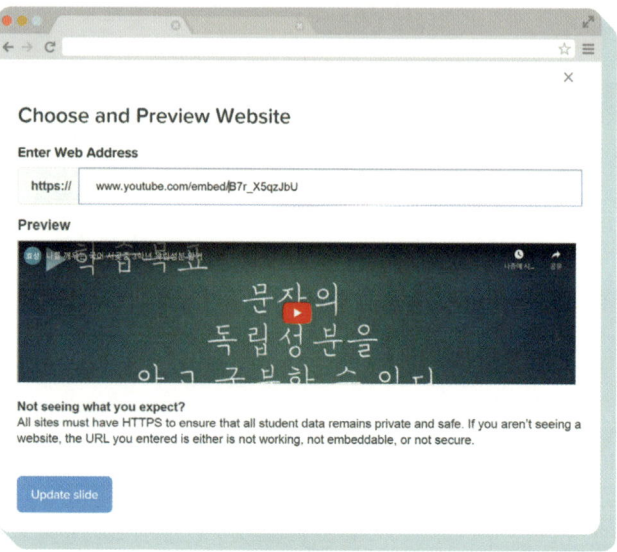

◦ **학생들에게 보이는 화면**

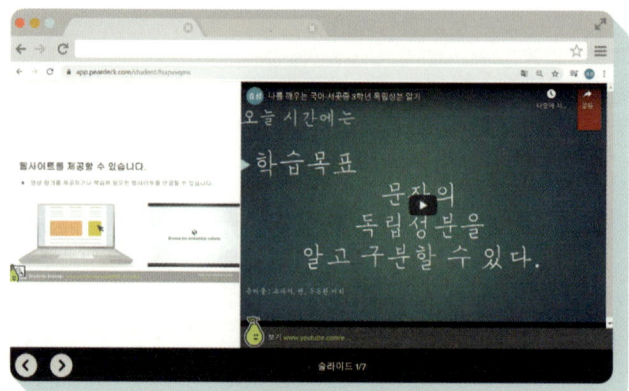

Draw: 정형화되지 않은 도형이나 밑줄, 그림 등이 필요할 때 사용할 수 있는 기능입니다. 수학과에서 표기하기 어려운 수식 등을 이용한 과제를 제공할 때에도 유용하게 사용할 수 있습니다.

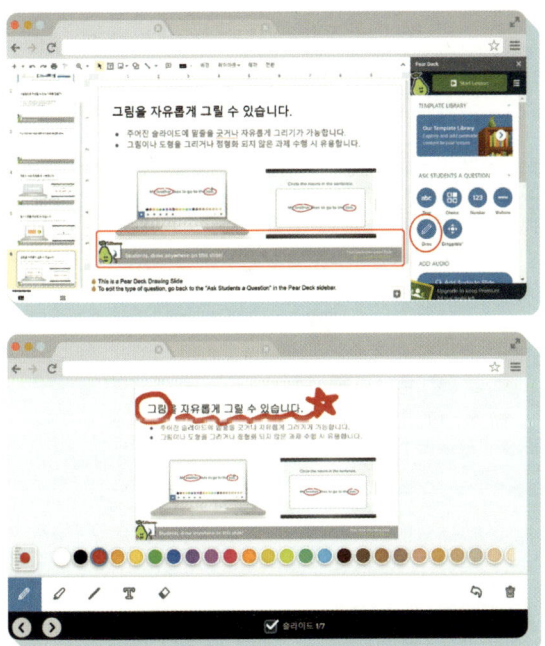

Draggable: 특정 위치에 마커를 활용하여 표기할 때 사용할 수 있는 기능입니다. 지도를 사용한 수업이나, 여러 가지 이미지나 자료 중에 선택하는 형식의 과제를 수행할 때 유용합니다. 다양한 마커를 설정할 수 있으며 점이나 핀 마커 등을 드래그하여 특정 지점을 표기할 수 있습니다.

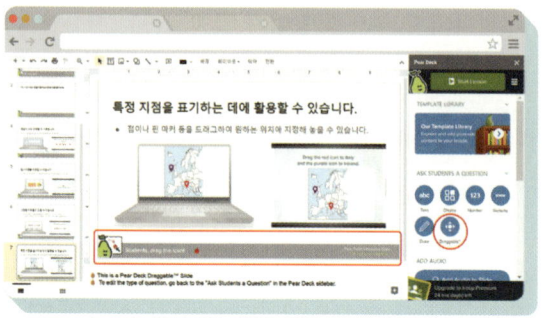

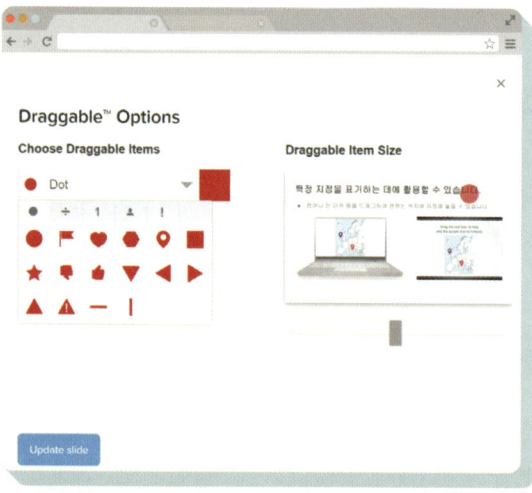

Add Audio to Slide: 6가지 기능 아래쪽에 음성을 녹음하여 삽입할 수 있는 기능도 있습니다. 이 기능을 통해 슬라이드에 설명을 더할 수 있습니다.

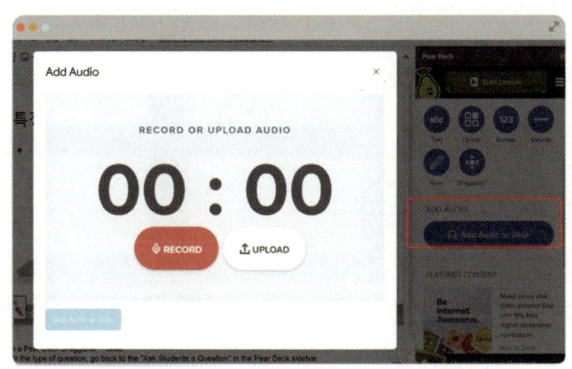

그밖에 [템플릿 도서관]template library 을 활용하여 수업 도입, 수업 도중, 수업 정리 시 쓸 수 있는 템플릿을 불러올 수도 있으며, 학습 활동에 따라 비판적 사고 critical thinking 또는 사회적/감성적 학습 social-emotional learning 을 돕는 수업 활동을 불러올 수도 있습니다.

또한 수업 상황에 맞는 프롬프트를 선택하여 사용할 수도 있습니다. 위에 설명한 템플릿 도서관처럼 페어덱 활동 첫 화면에서 [프롬프트 선택]을 누르면 수업 전, 중, 후 과정별로 사용할 수 있는 플랫폼과 수업 내용별로 사용할 수 있는 플랫폼이 다양하게 제공되어 수업 자료를 제작하는 부담을 조금이나마 줄일 수 있습니다.

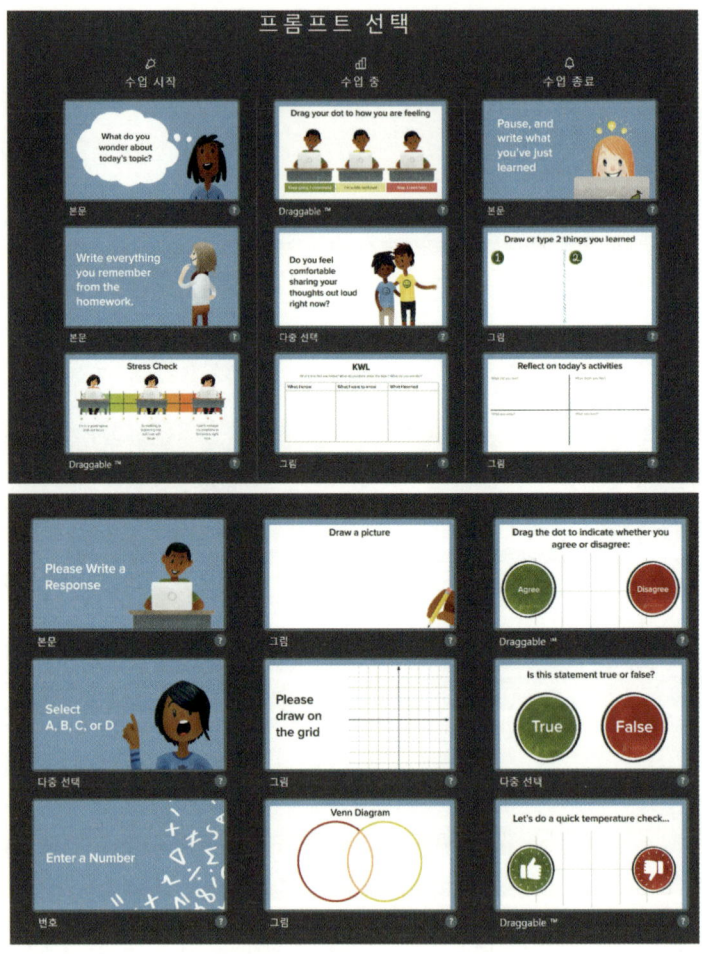

수업 자료를 완성한 후, 학생용 페어덱 주소를 공유하면 학생들이 응답하며 수업을 진행할 수 있는 상태로 슬라이드가 전달됩니다. 콘텐츠 및 과제형 수업 시에는 미리 링크를 공유하고, 실시간

화상 수업에서는 학생들과 선생님의 화면을 공유하여 실시간으로 응답을 확인하고 피드백합니다.

- 수업 자료를 완성한 후에 [Start Lesson]을 클릭합니다. [Start Lesson] 옆의 선 3개 아이콘을 학생들이 로그인하게 할지, 로그인 없이 접속하게 할지 선택할 수 있습니다.

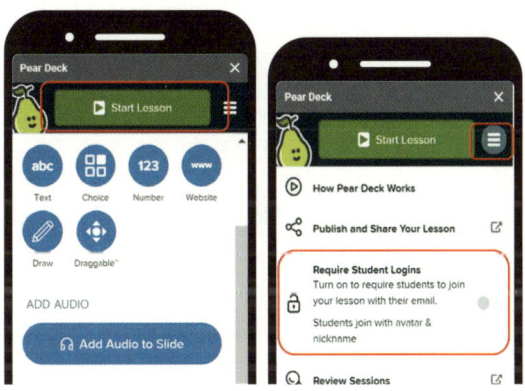

- [Start Lesson]을 클릭하면 나오는 수업 모드 선택 화면입니다.

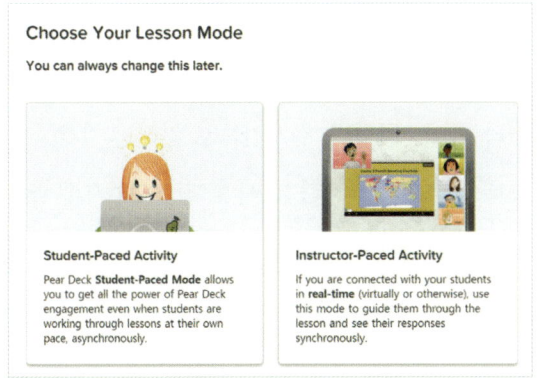

온라인 학습에 유용한 프로그램

[Student-Paced Activity]는 콘텐츠형이나 과제중심형 수업에서 활용할 수 있습니다. 링크를 복사하여 학생들에게 전달하면 학생들이 해당 링크를 통해 과제를 수행할 수 있습니다. 또한 구글 클래스룸과 연결되어 구글 클래스룸을 사용하는 선생님들은 바로 링크를 공유할 수 있습니다. 수업 자료 전달 후에 [교사 대시 보드로 이동]을 누르면 학생들의 과제 진행 상황 및 응답 여부를 확인할 수 있습니다.

[Instructor-Paced Activity]는 실시간으로 학생들과 페어덱으로 수업을 진행하는 기능입니다. 실시간으로 연결된 학생들과 학생들의 응답을 확인할 수 있습니다. 실시간 화상 수업으로 활용할 때 교사의 화면에 뜨는 다른 학생들의 대답을 보고 답하는 것을 방지하려면 하단의 [응답 표시] 기능을 [응답 숨기기]로 변경합니다. 이

기능을 활용해 한 번에 답을 공개한 후 학생들과 함께 피드백을 할 수 있습니다. 또한 수업 진행 상황에 따라 새로운 프롬프트를 추가하여 수업에 바로 활용할 수 있습니다.

니어팟 Nearpod

니어팟은 학생 중심 과제 활동과 실시간 수업 상황에서 다양한 형태의 수업 자료를 한데 모아 학습을 돕는 도구입니다. 기존에 사용하던 다양한 문서 작업 프로그램을 이용하여 온라인 수업과 교실 수업의 경계를 없애고 다양한 학생 활동이 가능하도록 도와줍니다. 실시간 수업 중간에 동영상을 보여줄 수도 있고, 퀴즈로 수업 이해도를 확인할 수도 있으며, 게임 형식의 활동을 삽입하거나 VR, 시뮬레이션 등과 같은 미디어 활용 수업을 통해 학생들의 흥미를 끌어낼 수 있습니다. 이러한 활동을 통해 수업 중간중간 학생들의 이해 정도를 바로바로 확인하며 진행할 수 있기에 실시간 수업에 아주 유용한 도구입니다. 학생은 별도의 회원가입 없이 참여가 가능합니다.

니어팟은 동영상을 보고 과제를 푸는 식의 단순한 수업 방식에서 벗어나 수업 전체 설계 및 진행을 니어팟 안에서 구성할 수 있다는 장점이 있습니다. 니어팟에 넣을 수 있는 자료 형식은 파워포인트, 구글 슬라이드, PDF, 유튜브 비디오, 동영상 파일 등 굉장히 다양해서 수업 특성에 따라 여러 활동들을 추가할 수 있습니다. 니어팟은 실시간 수업과 학생 과제형 수업, 협업 활동 및 교실 수업에서도 활용할 수 있습니다.

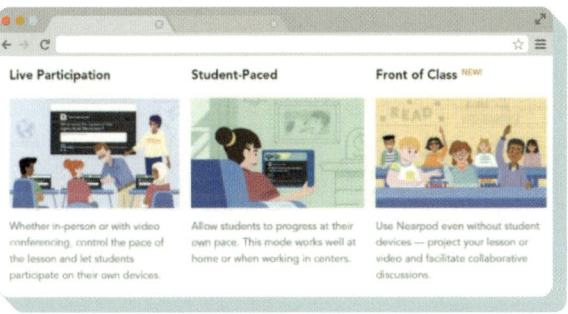

○ **니어팟 사이트nearpod.com에서 교사로 가입합니다.** 구글 계정으로 가입하면 구글 드라이브와 연동해서 사용할 수 있어 편리합니다.

○ 새로운 강의 만들기를 선택합니다.

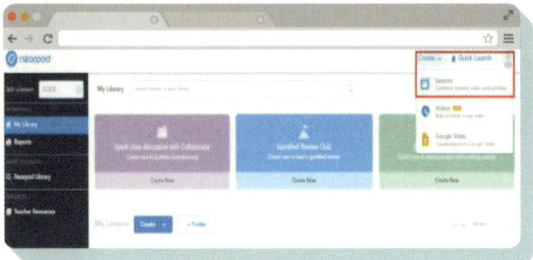

○ 수업 제목과 세부 내용을 작성합니다.

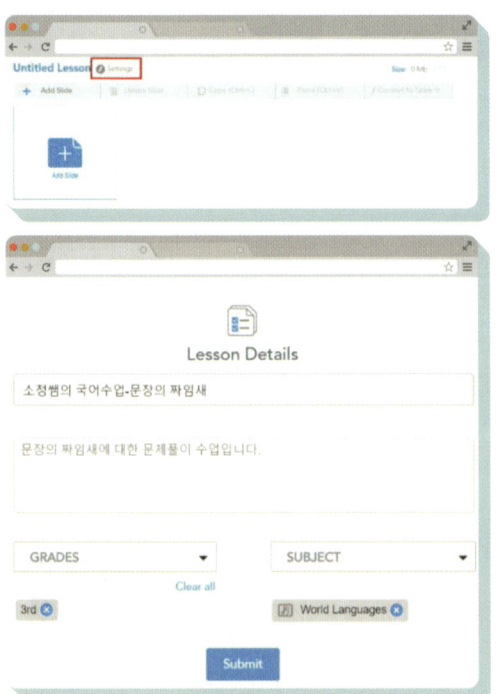

◦ 미리 만든 수업 자료를 불러옵니다. PPT, PDF 등 다양한 문서 프로그램도 호환됩니다.

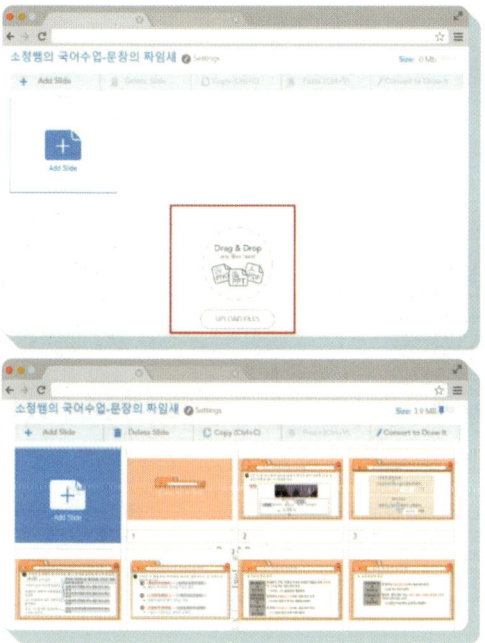

◦ [Add Slide] 버튼을 누르면 비디오 등을 삽입할 수 있으며, 유튜브로 바로 연결도 가능합니다.

앞서 살펴본 에드퍼즐처럼 영상 중간에 퀴즈나 질문을 추가하여 학생들의 이해를 도울 수 있는데, 이는 니어팟의 큰 장점입니다. 영상을 볼 때는 함께 재생 버튼을 누르도록 하여 학생들의 학습 속도를 맞춥니다.

○ 왼쪽은 주관식 서술형 문제, 오른쪽은 선택형 문제입니다. 특정 시간에 문제가 나오도록 설정을 하여, 학생들이 영상을 보는 중간에 문제를 풀 수 있습니다.

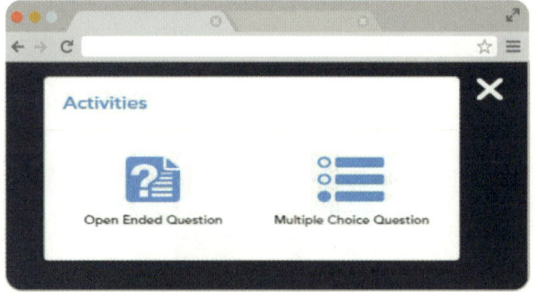

- 실제 수업 시, [Interactive Mode]를 켜놓아야 합니다. 재생바에 있는 동그라미에 도달하게 되면, 자동으로 동영상이 멈추고 교사가 미리 만들어놓은 질문, 퀴즈가 나옵니다.

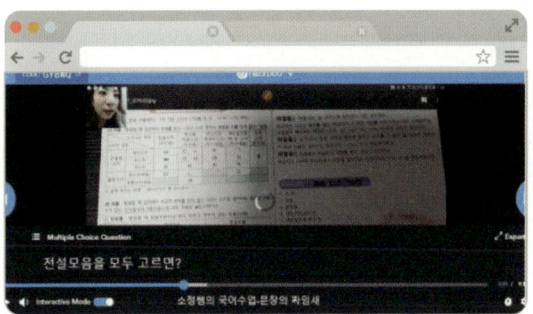

- 과제 제시형 학습 자료로 제시할 때는 [My Library]에서 [Student Paced] 버튼(①)을 눌러서 나오는 링크를 제공합니다. 실시간 수업을 진행할 때는 [Live Participation] 버튼(②)을 눌러서 나오는 링크를 학생들에게 제공합니다.

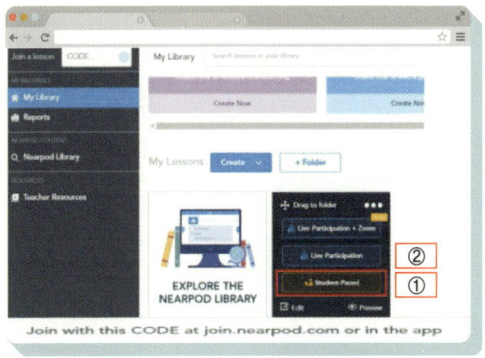

◎ 학생이 접속했을 때 나오는 화면을 미리 안내합니다. 위 칸에 '학번, 이름'을 적도록 합니다.

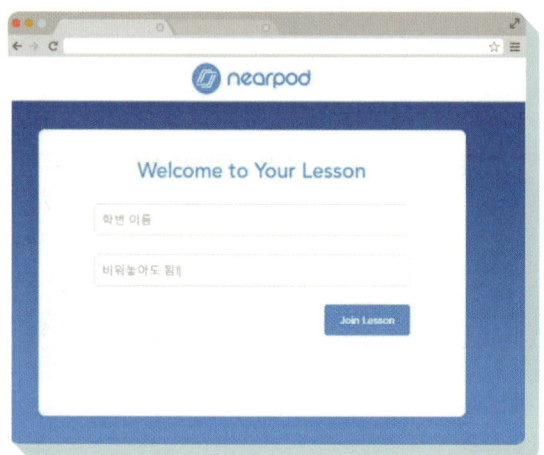

◎ 현재 몇 명의 학생들이 입장했고 누가 입장했는지 리스트 확인이 가능합니다.

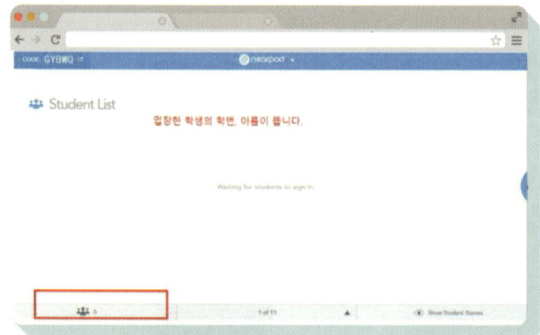

○ 수업 중간중간 다양한 활동을 삽입할 수 있습니다. [Add Slide] 버튼을 누르고, [Activities]를 클릭하면 다양한 활동들이 나옵니다.

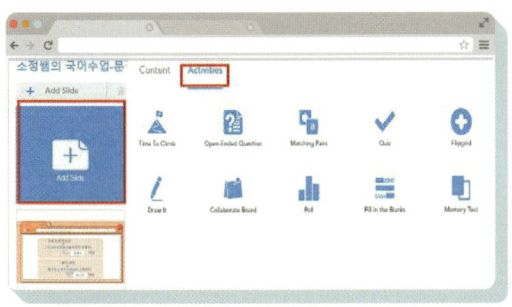

Quiz: 선택형 문제를 출제하여, 슬라이드 중간에 문제를 배치할 수 있습니다. 정답을 입력하므로 채점도 가능합니다. 하나의 슬라이드에 여러 문제를 배치할 수 있습니다.

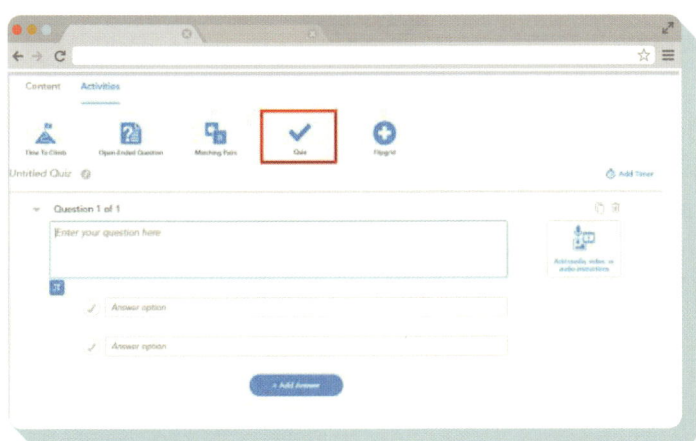

학생에게 제시되는 화면

Collaborate Board: 학생들의 의견을 포스트잇처럼 붙여서 서로 공유할 수 있도록 하는 기능입니다. '패들렛', '잼보드'와 비슷합니다.

Poll: 학생들의 의견을 묻는 설문조사를 할 때 사용할 수 있습니다. 선택형 질문으로 정답이 없는 설문조사에 적합합니다.

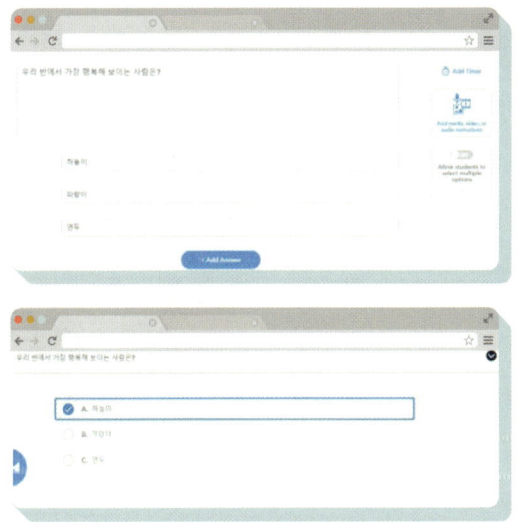

학생에게 제시되는 화면

Matching Pairs: 일종의 짝맞추기 게임으로, 연관된 단어와 사진(그림)의 짝을 맞추는 게임입니다. 연관되는 것끼리 짝을 맞추어 단어에 알맞은 그림 고르기, 단어 뜻풀이 고르기 등으로 활용할 수 있습니다.

[Add pair] 버튼을 누르면 텍스트나 사진(그림)을 입력할 수 있는데, 사진 자료의 경우 구글 검색과 바로 연동이 되어 편리합니다.

학생에게 제시되는 화면

　　Memory Test: 일종의 기억력 게임으로, 카드를 뒤집어서 같은 단어나 그림을 맞추는 게임입니다. 이 역시 구글 이미지 검색을 통해 바로 사진을 끌어올 수 있습니다.

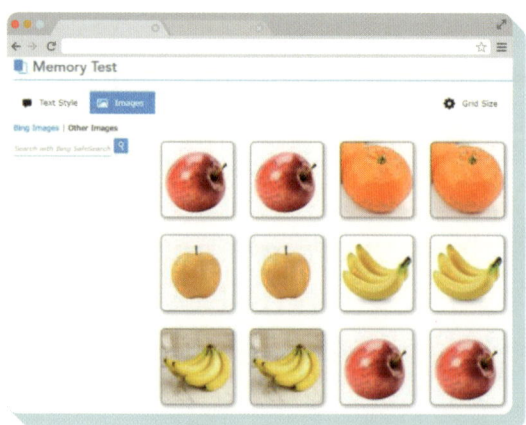

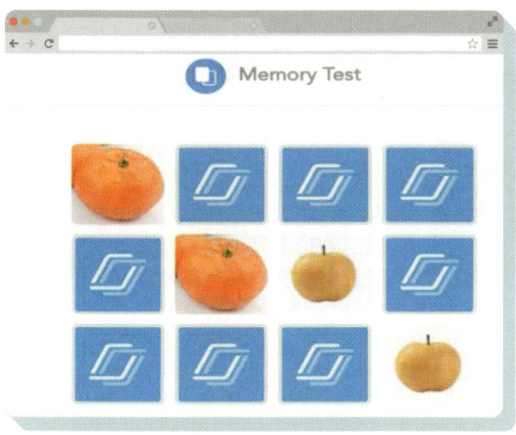

학생에게 제시되는 화면

Draw it: 학생들이 주어진 학습 자료에 그림을 그려서 어떻게 이해했는지 보여줍니다.

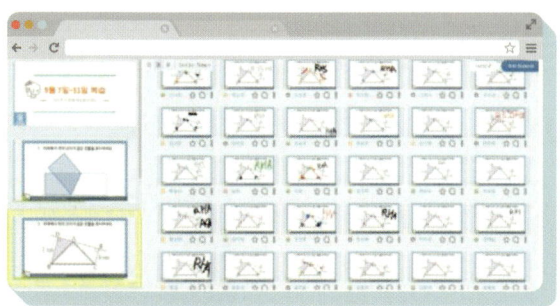

Fill in the blanks: 학생들이 이해한 내용을 빈칸에 채워 넣도록 해서 확인합니다. 기본 개념을 설명한 영상을 보고, 개념에 대해 학생들이 이해한 내용을 빈칸에 적는 활동입니다.

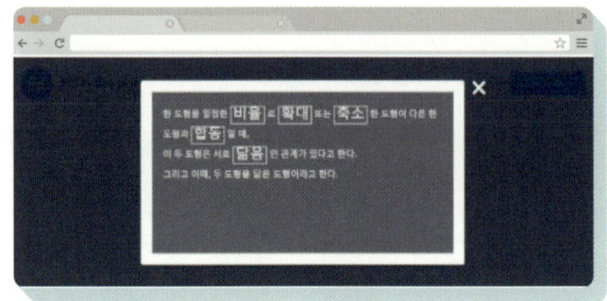

Time to Climb: 학생들의 흥미 유발을 위해 교사가 제시한 선택형 퀴즈를 풀면서 산을 올라가는 게임입니다. 학생들은 캐릭터를 골라 문제를 풀며 산을 올라가게 됩니다. 교사는 미리 만들어놓은 퀴즈를 이 활동으로 변환시키기만 하면 됩니다.

학생에게 제시되는 화면

유튜브 Youtube

온라인 수업이 전면적으로 시행되면서 유튜브에 업로드된 각종 영상들을 검색하고, 이 영상들을 수업에 적극 활용해왔을 겁니다. 충분한 준비 시간 없이 원격수업으로 전환하기에는 유튜브에 업로드된 교과 관련 영상들을 활용하여 수업을 진행하는 것이 시간적인 부분이나 물리적인 부분에서 효율적이었기 때문으로 생각됩니다.

시간이 흘러 '쌤튜버'들이 활동을 시작하면서 다양한 종류의 채널이 나타나기 시작했습니다. 그중 하나는 선생님들이 학교에서의 일상을 나누는 '브이로그' 형태의 유튜브 채널입니다. 학생들이 학교에 가지 못하는 상황 속에서 선생님들이 학교에서 어떻게 지내고 있는지 보여주면서 학생들과 소통하는 형태입니다.

또 다른 형태는 온라인 수업이 시작되면서 많은 선생님이 궁금해하는 수업 방법을 소개하는 정보 전달 형태의 채널들이 있습니다. 온라인 수업에 사용하면 유용한 프로그램 소개 및 실제 사용법을 화면을 통해 전달하는 강좌 형태의 내용이 주를 이룹니다.

직접 만든 수업 자료를 유튜브에 올려서 학생들이 수업을 들을 수 있도록 하는 형태의 채널들도 있습니다. 이런 경우, 학생들에게만 링크를 제공해서 영상을 볼 수 있도록 하기 때문에 외부에 공개되지 않는 경우가 많습니다.

이외에도 유튜브 플랫폼을 활용하여 수업을 진행할 때 가질 수 있는 장점들은 다음과 같은 것들이 있습니다.

첫째, 유튜브에 업로드된 영상들은 영상 제작자가 영상물을 삭제하지 않는 한 반영구적으로 보존이 되기 때문에 학생들이 언제 어디서든 영상을 다시 찾아서 시청할 수 있고, 반복하여 학습할 수 있습니다. 다른 수업 플랫폼의 경우에는 일정 기간 및 교육부와의 계약이 종료되면 영상물이 삭제될 수 있지만 유튜브는 이런 제약이 없기 때문에 효과적일 수 있습니다.

둘째, 교사 개인 채널에 수업 영상을 업로드하여 진행하는 경우, 수업 영상 외에 학생들을 대상으로 하는 이벤트 영상이나 교사 개인의 취미활동 영상 등 다양한 영상물을 유튜브 개인 채널에 공개함으로써 학생들이 유튜브 채널에 들어왔을 때 해당 영상도 시청하게끔 만들어 교사와 학생 간에 더욱 친밀하게 교류하고, 소통할 수 있는 기회를 가질 수도 있습니다.

　　셋째, 유튜브 플랫폼 자체가 갖는 친숙함과 편리한 접근성입니다. 우리나라에서 가장 많이 사용하는 온라인 동영상 시청 플랫폼은 압도적으로 유튜브이며, 10대들의 하루 평균 모바일 동영상 시청 시간은 123.5분이나 될 정도로 청소년들에게 유튜브는 가장 친숙한 플랫폼입니다. 따라서 이런 장점들을 활용하여 학생들로부터 수업 흥미도를 높여 온라인 수업을 진행한다면 학습 목표 달성과 수업 효과를 극대화할 수 있을 것입니다.

Q. 많이 사용하는 온라인 동영상 시청 플랫폼?

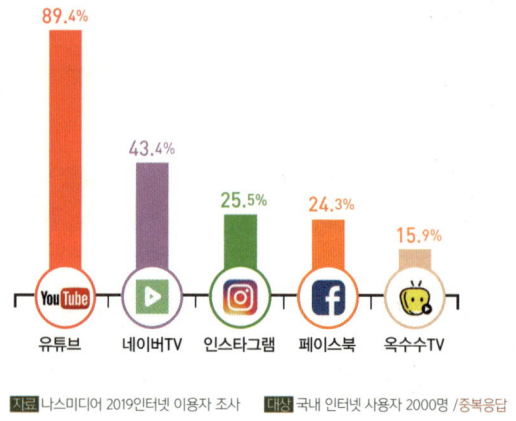

자료 나스미디어 2019인터넷 이용자 조사 대상 국내 인터넷 사용자 2000명 /중복응답

Q. 하루평균 모바일 동영상 시청 기간?

자료 나스미디어 2019인터넷 이용자 조사 대상 국내 인터넷 사용자 2000명

유튜브에 공유된 영상들을 수업에 활용하거나 교사가 제작한 수업 영상들을 업로드할 때는 반드시 확인하고 챙겨야 하는 유의점들이 있습니다. 그 내용들을 살펴보면 아래와 같습니다.

첫째, 유튜브는 전 세계로 영상물이 공개되는 장소이기 때문에 저작권과 초상권의 문제가 예민하게 발생할 수 있는 공간입니다. 수업 영상 속에 타인의 저작물(사진, 음악, 폰트, 영상 등)이 포함되어 있는지 반드시 확인해야 하며 이 내용을 노출시킬 땐 출처를 꼭 밝히거나 유료로 구매한 뒤 사용을 하셔야 합니다. 이와 더불어 영상 내 학생들의 모습이 나오는 경우에는 초상권 문제가 발생할 수 있기 때문에 반드시 학생과 학부모님들로부터 사전에 동의를 받은 뒤, 영상을 업로드하고 공개해야 합니다.

둘째, 유튜브의 영상들은 어디까지나 수업의 이해를 돕고, 사고의 깊이를 더해줄 수 있는 보조 도구이자 자료로 사용되어야 합니다. 수업의 중심은 학생과 교사입니다. 단순히 영상 시청으로만 수업이 시작되고, 종료되지 않도록 주의해야 합니다. 적재적소에 영상물을 활용하여 수업의 효과를 극대화할 수 있도록 교사는 수업을 더욱 치밀하게 준비하고, 설계할 필요성이 있습니다. 또한 학생들이 온라인 수업에서 가장 주목하고 기억하는 부분은 선생님의 목소리와 표정, 평소 나누는 안부 인사나 대화 내용이라고 응답하였습니다. 수업에서 선생님들의 흔적인 목소리 혹은 모습이 유튜브 영상과 함께 등장한다면 수업은 더욱 내실 있고, 효과적으로 진행 및 완결될 수 있을 것입니다.

> 3. 온라인미술수업을 통틀어서 가장 인상적이었거나 오래 기억될 것 같은 것은?
> (예: 작품, 수업내용, 수업과제, 친구작품, 영상자체, 선생님의 표정이나 말투 혹은 멘트 등)
>
> 선생님의 실제 대화하는 것 같은 말투.
> (2째시 들때 덧붙였음)

> 3. 온라인미술수업을 통틀어서 가장 인상적이었거나 오래 기억될 것 같은 것은?
> (예: 작품, 수업내용, 수업과제, 친구작품, 영상자체, 선생님의 표정이나 말투 혹은 멘트 등)
>
> "잘 지내셨나요?"와 같은 배려심 있는 선생님의 멘트가 수업 전 의욕을 북돋아 줬다.

셋째, 유튜브 서버의 문제로 간혹 영상 업로드 소요 시간이 지연되는 경우가 발생할 수 있습니다. 따라서 수업 하루 전날이나 충분한 시간적 여유를 갖고 수업 영상을 미리 업로드할 필요성이 있습니다.

이와 함께 유튜브 내에서 활용할 수 있는 유용한 기능들을 더 살펴보면 다음과 같습니다.

첫째, 선생님들이 제작한 영상물이 수업 시간 외에 공개되지 않길 바란다면 영상 공개 상태를 '일부 공개'로 선택하면 됩니다. 일부 공개로 선택하면 영상의 링크를 받은 사람만 시청할 수 있고,

그 외의 사람들은 해당 영상을 검색도, 시청도 할 수 없게 됩니다.

○ **[동영상 관리] 혹은 [YouTube 스튜디오]에서 [동영상] 탭을 클릭한 후 [공개상태]를 [일부 공개]로 설정한 후 저장합니다.**

둘째, 영상 제작 전문가들의 말에 따르면 영상에서 가장 중요한 것은 음악이라고 합니다. 음악에 따라 영상의 분위기가 달라지며 편집 등 모든 방향이 달라질 수 있기 때문입니다. 하지만 수업 영상에서는 다릅니다. 교사의 모습 혹은 교사의 목소리가 중심이 되어 진행되는 수업 영상에서는 자칫하면 음악 때문에 내용이 불분명하게 전달될 수 있습니다. 반면에 영상에서 자막(텍스트)이 중심이 되어 안내되는 경우라면 완성도와 집중도를 높일 수 있으므로 음악을 넣어서 편집하시길 권합니다. 저작권 무료 음악은 '유튜브

내 오디오보관함 - 무료음악'을 통해서 쉽게 다운로드할 수 있습니다.

1. 오른쪽 위 [YouTube 스튜디오] 버튼을 클릭합니다.

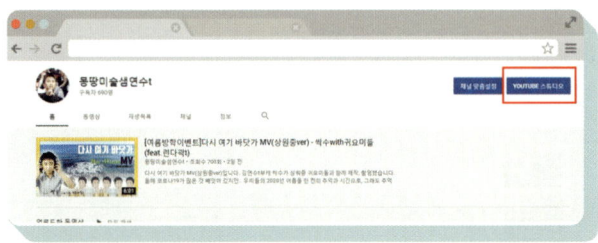

2. [오디오 보관함]을 클릭한 후, 원하는 음악을 재생하여 확인한 뒤 다운로드합니다.

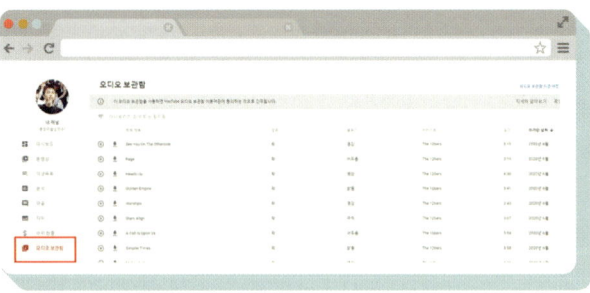

부록

온라인 축제 도전기

코로나19로 등교 수업을 포함한 학교의 모든 집합 행사가 취소되다 보니 대부분의 학교가 축제는 꿈도 꿀 수 없는 상황에 놓였습니다. 일 년 중 많은 학생들이 손꼽아 기다리고 열심히 준비하던 축제를 할 수 없다 보니 아쉬움이 컸습니다. 그래서 학생들에게 작은 추억을 선사하고 그 기억을 나누고자 온라인 축제를 열었습니다. 기획에서 준비 과정, 공연까지 성공적인 온라인 축제의 주요 포인트를 짚어 보겠습니다.

온라인 축제의 장점과 한계

온라인을 통하여 진행할 수 있는 축제의 큰 장점이자 한계는 '사전 녹화'가 가능하다는 점입니다. 실제 관객들이 보는 앞에서 공연을 하는 형태가 아니라 무관중 형태로 진행이 되며 공연자는 본인이 만족하고 원하는 때까지 반복적으로 공연을 녹화한 후, 그중에서 가장 마음에 드는 것을 선택하여 온라인 축제 때 영상으로 송출할 수가 있습니다. 즉, 가장 완성도 있는 무대 공연으로 온라인 축제의 내용을 채워나갈 수 있습니다.

하지만 관객들의 환호와 박수, 현장의 열기를 함께 느끼지 못하는 점은 분명 온라인 축제가 가질 수밖에 없는 아쉬운 부분입니다. 또한, 가장 큰 한계는 공연자들의 참여율이 저조해질 수 있다는 점입니다. 실제로 온라인 축제를 기획하더라도, 기록에 남는 것에 대한 거부감과 무관중 형태로 진행되어 원하는 만큼의 환호를 받을 수 없다는 점들 때문에 공연자들의 참여가 저조할 수 있고, 이로 인해 다소 밋밋한 축제가 될 수 있습니다. 그렇기 때문에 온라인 축제는 훨씬 더 사전 기획 및 섭외에 공을 들여야 합니다.

학생들의 끼를 관찰하기, 교사 간 교류의 힘

대면 수업이 적거나 어려운 상황으로 인하여 아이들을 관찰할 기회가 적을수록 학교의 모든 선생님이 서로 소통하고, 교류하는 것이 축제 기획에 있어서 큰 영향을 미칠 수 있습니다. 때로는 이 부분이 가장 중요하게 작용하기도 합니다. 그동안 학생들과 상담하거나 지도하며 발견했던 아이들의 특기나 끼에 대한 정보를 교사 간에 서로 공유하고 추천하면 좀 더 수월하게 학생들의 축제 섭외가 이루어질 수 있습니다.

여유 있게, 천천히, 순차적으로

학생들이 개별적으로 공연 준비 및 연습을 할 수 있도록 시간적 여유를 갖고 지도하는 것이 좋습니다. 아이들의 무대 공연 촬영도 충분한 시간적 여유를 두고 순차적으로 녹화합니다.

지희 학교는 온라인 축제 행사 4개월 전부터 학생 섭외와 콘텐츠 구성을 시작하였으며 비슷한 공연의 콘텐츠끼리 묶어서 순차적으로 조금씩 공연을 촬영, 녹화하였습니다. 예를 들어 ① 피아노 공연과 관현악 공연, ② 기타 공연과 우쿨렐레 공연, ③ 보컬과 랩(힙합) 공연, ④ 댄스 공연과 같이 범주화하여 각각 사전 촬영을 진행했습니다. 이때 녹화는 학교의 방송부 학생들 도움을 받으면 매우 효과적입니다. 특히 1대의 카메라가 아니라 정면과 측면 등 다각도로 촬영한 후 이를 교차편집하여 완성된 영상을 확인하면 대중매체에서 접할 수 있는 음악 프로그램의 느낌도 가질 수 있습니다.

관련 영상: https://youtu.be/MccslOj7Uwk,

https://youtu.be/cVO-AXtEVtk)

최소 비용으로 최대의 효과를 노린 무대

대개 학교 현장에서 그동안 진행되어왔던 축제는 특정 장소에서, 특정일에 국한하여 조명과 음향기기를 대여하여 진행하였습니다. 하지만 예산과 환경 등 다양한 문제로 이 부분에 어려움을 겪을 수 있습니다. 온라인 축제를 할 때 최소한의 방법으로 효과적으로 진행할 수 있었던 사례를 안내합니다.

① 멀티파 라이트 등 무대조명 기기는 구입하길 추천합니다. 개당 10만 원 이하의 가격으로, 공연장에서 볼 수 있는 수준의 조명 기기는 아니지만 소강당(혹은 시각 멀티미디어실)에서 사용한다면 제법 시각적으로 효과를 낼 수 있으며 공연을 하는 학생들에게도 특별함을 만들어줄 수 있습니다.

② 악기 연주 공연은 공간의 규모가 적은 소강당(혹은 시각 멀티

미디어실)에서 녹화해야 소리가 효과적으로 녹음됩니다. 또한 공연을 하는 학생들 배경으로 벽이 아닌 좌석이 보이게 촬영을 하니 더욱 분위기 있는 공연 무대를 연출할 수 있었습니다.

③ 스마트폰의 다양한 기능(혹은 어플)을 활용하여 촬영합니다. 스마트폰에 내장된 각종 카메라 필터를 사용하여 촬영한다면 굉장히 고급스러운 분위기를 연출할 수 있습니다. 특히 흑백으로 촬영한 학생들의 공연 모습은 대부분 멋있게 연출된 결과를 확인할

수 있어서 교사와 학생 모두 만족스러워했습니다.

④ 댄스, 보컬 등의 무대에 빔프로젝트와 슬라이드를 사용하여 무대 배경으로 연출하면 효과적입니다. 전문 조명기구가 없으면 아무래도 무대가 허전하고 시각적 흥미가 떨어지게 되는데 이 방법으로 어느 정도 보완할 수 있습니다. 무대 배경으로 사용된 영상들은 유튜브를 비롯한 포털 사이트에서 '무대 배경 영상'으로 검색하여 사용하였습니다.

온라인 축제의 마지막 성패

모든 영상의 성패는 결국 편집에 달려 있습니다. 충분한 시간적 여유를 가지고 촬영한 영상들을 편집하여 완성해야 합니다. 이때 학교에서 영상 편집에 능숙한 학생들의 도움을 받으면 좋습니다. 그리고 해당 학생들에게는 축제 행사에 기여한 부분을 생활기록부에 기재해주면 교육적으로도 효과적일 수 있을 것입니다.

온라인 축제 관련 영상: https://youtu.be/LQithhP33UI, https://youtu.be/HZvPXOr5xT4, https://youtu.be/az6Sh6u-EqA)

맺으며

포스트 코로나 시대의 블렌디드 러닝

코로나가 끝나더라도 우리의 삶에는 그 흔적이 남을 것입니다. 온라인 수업도 마찬가지로 임시방편적이고 일시적인 수업의 모습이 아닌, 또 하나의 수업 형태로 학교에 자리하게 될 것입니다. 지금까지 온라인 수업을 통해 쌓은 경험과 여러 가지 배운 점들을 코로나 이후에도 적용한다면 학교는 한 단계 더 성장하고 발전할 수 있을 겁니다. 포스트 코로나 시대에 블렌디드 러닝이 어떤 역할을 할지 함께 살펴보고자 합니다.

사실 이미 해오던 수업

"코로나 상황이 끝나면 온라인 수업도 끝나지 않을까요?"
"온라인 수업은 단기 또는 임시 수업 형태로 그치지 않을까요?"

"원래 수업대로 돌아가면 굳이 복잡하고 어려운 온라인 도구를 활용해야만 할까요?"

여전히 교사에게 '온라인 수업'은 두렵고 어려운 문제입니다. 되도록이면 피하고 싶은 과제이기도 하고요. 마음속으론 '끝'이라 단정하고 싶지만 불안한 마음과 의심은 여전히 찜찜하게 남아 온라인 수업에서 멀어지지 못하게 합니다.

온라인과 오프라인의 갑작스러운 만남, 사실 이는 올해 처음 도입된 것이 아닙니다. 이전에도 '거꾸로 수업(플립드 러닝)'을 통해 온라인 수업과 오프라인 수업을 연결한 블렌디드 러닝은 교육 현장에 있던 개념입니다. 거꾸로 수업을 통해서 학생들에게 영상을 제공하고, 교실 수업에서는 학습을 강화하는 활동 중심 수업을 운영할 수 있었습니다. 이처럼 이미 시도해왔던 수업이 코로나를 계기로 예상보다 훨씬 빨리 전면 시행된 것입니다.

온라인 수업과 오프라인 수업을 결합하는 블렌디드 러닝이 우리 교육이 나아가야 갈 방향이라고 생각합니다. 온라인 수업을 통해서 온라인상에서 개념 등을 학습하고, 평가를 위한 연습을 하고, 오프라인에서 이를 바탕으로 대면 평가와 실습을 하는 수업은 학생들에게 더 많은 배움과 성장의 기회를 제공할 수 있을 것입니다.

언제나 어디서나 누구나

온라인 수업은 시공을 초월합니다. 교실이라는 물리적인 공간의 한계를 넘어, 아주 간단하게 지구 건너편에 있는 선생님을 모셔와서 수업을 들을 수도 있고, 같은 학교의 다른 교실을 우리 수업으로 불러올 수도 있습니다. 학교 교실에 와야만 가능했던 교육의 한계를 넘어서 교실 바깥의 실제 삶을 쉽게 교실로 불러들일 수 있기 때문에 학교는 더 유연하게, 더 풍부한 수업을 진행할 수 있습니다. 반 대항 수업도 가능합니다. 옆 교실, 옆 학교, 아니면 다른 지역, 다른 나라에 있는 학교, 학생들과 수업을 진행할 수 있습니다. 그동안 다른 반, 다른 학교와 수업을 진행한다는 것은 상상만 해봤지 실제로 기회가 없었는데 이제는 모바일 기기 또는 노트북만 있으면 바로 어디서든지 선생님, 학생들을 우리 수업으로 데려올 수 있습니다.

학교 밖 아이들도 학교 안으로

블렌디드 러닝은 학생들이 학교에 와서, 교실 안에 앉아 있어야만 수업을 들을 수 있는 기존의 제약을 넘어설 수 있습니다. 즉, 더 다양한 상황 속에 있는 학생들도 공교육으로 끌어들여와 품을 수 있다는 장점이 있습니다. 블렌디드 러닝을 통해 학교에 잘 적응하지 못하는 학생들, 교실 밖 청소년, 그리고 건강상의 이유로 학교 수업을 듣기 어려운 학생들도 수업에 참여할 수 있습니다.

배우고 싶으면 어디서든 배움의 기회를 얻을 수 있게 되어 교실이라는 공간이 더 이상 수업을 듣고 못 듣고를 결정하는 중요한 요소가 아니게 되었습니다. 어려운 상황 속에서도 수업을 듣고 싶은 학생들에게 공부할 수 있도록 러닝센터를 세운 후, 학생들이 수업의 일정 부분은 스스로 학습하고 학습한 내용에 대한 확인 및 도움은 러닝센터에 와서 받는 등 더 유연한 교육 과정을 통해 더 많은 학생들에게 교육의 기회를 제공할 수 있을 것으로 기대합니다.

개인별 맞춤수업을 손쉽게

온라인에서 활용할 수 있는 여러 프로그램을 수업에서 활용할 때 여러 장점이 있습니다. 무엇보다도 학생 개개인의 학습 속도에 맞춰서 과제를 수행하는 개별화 학습이 가능합니다. 개별화 수업은 오랫동안 강조되어왔지만 해결이 어려운 과제였습니다.

일반 교실 수업 상황에서는 보통 학생들에게 똑같은 학습지를 제시하는데 학생마다 속도가 달라서 누구는 빨리 끝내고 할 일이 없어서 놀고, 누구는 주어진 시간 내에 다 풀지 못하는 경우가 많습니다. 학습 속도의 차이는 학습지를 여러 장 준비하면 해결 가능해 보이지만, 현실적으로 교실 상황에 맞게 준비하고 적용하기란 쉽지 않습니다.

반면에 온라인으로 수업 자료를 준비해놓고 학생들이 자신의 기기를 통해 자신의 학습 속도에 맞춰서 과제를 수행한다면 교사는 학습 속도가 빠른 학생들에게는 반복 학습 또는 추가 과제를 제시하고, 느린 학생들에게는 어떤 부분이 어려운지 확인하면서 도움을 줄 수 있습니다. 그리고 학생들은 다른 친구가 얼마나 빨리 하고 있는가를 신경쓰지 않고, 자신의 과제에 오롯이 집중할 수 있어서 좀 더 편안한 마음으로 과제를 수행하게 됩니다.

원래 하던 대로 '상호 소통'

우리 교사들은 2020년 한 번도 경험해보지 못한 온라인 수업을 맞아 적응해냈고, 일상적으로 온라인 수업을 진행하는 단계까지 정착했습니다. 2020년 봄의 갑작스러운 온라인 수업을 생각하면 정말 많은 우여곡절과 발전이 있었습니다. 이제 온라인 수업과 오프라인 수업의 경계는 매우 희미해지고 있습니다. 언제든지 온라인 수업과 오프라인 수업 사이를 왔다 갔다 하면서 수업을 전환할 수 있는 상황이 계속되고 있습니다. 코로나19 같은 유사한 상황이 벌어지면 언제든 즉시 대면 수업에서 온라인 수업으로 전환될 것입니다. 즉, 학교와 교사는 언제 어디서든 오프라인과 온라인에서 수업할 준비가 되어 있어야 합니다. 또한 온라인 수업을 경험한 학생들과 학부모들이 학교 현장에 요청하는 온라인 수업의 질과 내용의 기대 수준은 계속 높아질 것입니다. 학생들과 더 소통하고 대화를 이어나갈 수 있는 수업에 대한 연구가 필요한 시점입니다.

수업의 중심은 '상호 소통'임을 우리는 여러 경험을 통해 확인할 수 있었습니다. 따라서 온라인과 오프라인 어느 장소에서든 교사는 학생들과 수업을 통해 만나고, 소통할 수 있는 준비가 되어 있어야 합니다. 그 방법 중 하나는 교사에게 가장 친숙하고, 익숙한 것들을 준비하는 것입니다. 늘 가까이에서 사용해왔기 때문에 자신 있게 잘 다루는 방법과 도구들을 사용하면 됩니다. 다만 온라인에서 조금 더 효과적으로 구현할 수 있는 내용과 방법들을 함께 모여서 연구하고, 학습하는 노력은 꼭 필요할 것입니다.

교사의 역량은 곧 아이들의 혜택으로

온라인 수업이 도입되면서 그동안의 수업 형태에서 벗어나 온라인에 맞는 다양한 수업 활동을 도입해야 하는 상황이 됐습니다. 지금까지 해온 수업을 좀 더 효과적, 효율적으로 진행하는 방법도 온라인 수업을 통해 찾을 수 있었습니다. 교사의 디지털 리터러시가 높아져 수업의 질이 향상되면 이러한 혜택은 학생들에게 돌아갑니다.

학생들은 이미 온라인 공간 속에서 살고 있기 때문에 이러한 수업의 변화가 처음에는 다소 낯설 수 있지만 생각보다 빨리 적응합니다. 더불어 온라인 수업으로 인하여 교사들은 이전보다 더 자주 선배 교사와 후배 교사들이 함께 모여 수업에 관하여 토의하고 협동하여 수업을 진행하는 기회를 얻기도 했습니다. 어려운 시기로 인해 그동안 정체되어 있던 학교가 움직이며 변화를 추구하게 된 것이지요.

숨겨진 보물을 찾아서

기존 학교 교육에서 조용하고 소극적인 태도를 보였던 학생이 있었습니다. 그래서 그 학생의 존재감은 사실 교사들에게도, 동료 학생들 사이에서도 크지 않았습니다. 그런데 이 학생이 온라인 수업을 통해 빛을 발하게 됐습니다. 가장 빨리, 가장 정확하게 수업을 수강하고, 과제물을 제출하며 그 결과물들이 우수작으로 다수 선정이 되어 어느새 이 학생의 과제물은 늘 모범적인 예시작으로 학생들에게 소개되고 있습니다. 이 아이에게 온라인 수업은 본인의 존재감이 세상 밖으로 드러나고 빛나도록 해준 기회가 되었습니다.

우리 교사들은 온라인 수업을 통해서 학생들의 끼와 다양한 재능들을 발견하고, 그 모습이 더욱 효과적으로 빛나는 기회를 제공할 수 있게 됐습니다. 그동안 잘 알지 못했거나 학생의 개별적 성향으로 인해 가려져 왔던 아이들의 재능과 새로운 모습들을 발견하기 위해 온라인 수업을 적극적으로 준비하고, 진행한다면 어떨까요? 두려움과 귀찮음, 번거로움이 이제는 마치 보물을 찾는 듯한 설렘과 기대, 행복으로 바뀌는 것을 느낄 수 있을 것입니다.

'End' 아닌 'And'

코로나19라는 전혀 예상치 못한 바이러스는 우리의 일상을 완전히 바꾸어 버렸습니다. 무심코 누려온 일상이 얼마나 소중한지 매일 깨닫게 만들고 있습니다. 우리의 학교도 마찬가지입니다. 학생들의 떠들썩한 목소리, 학생들과 나눴던 대화가 매일매일 그립습니다.

학생들과 교사들이 학교와 교실이라는 '공간'에서 만나지 못해도 우리의 일상을 지속해서 이어나갈 수 있도록 끊임없이 수업을 연구하고, 준비하며 소통해야 합니다. 우리가 시도하는 여러 가지 수업은 바로 이 지점에서 의미가 있습니다. 교사와 학생, 그리고 교사와 교사들이 계속해서 서로를 이해하고 대화를 나눌 때, 수업의 핵심인 '배움'과 '나눔'은 수업의 장소나 방법과 상관없이 계속해서 일어날 것입니다.

감사의 글

2020년 『교사가 진짜 궁금해 하는 온라인 수업』을 처음 펴냈습니다. 출간 후 일주일도 안 되어 각종 인터넷 서점의 교육 분야 베스트셀러 1위에 오르는 등 뜨거운 반응이 이어졌습니다. 이는 갑작스럽게 전면 도입된 온라인 수업에 대해 두려움과 낯섦을 느낀 선생님들이 그만큼 많았다는 의미이기도 할 것입니다. 여러 선생님들께 작게나마 도움이 되고자 그저 한발 먼저 시작했던 내용을 정리한 것인데 저희 책을 읽으면서 '나 혼자만 그렇게 생각한 것은 아니구나'라는 생각에 위로받고 힘을 낼 수 있었다는 이야기를 듣고 정말 감사했습니다. 이 과정을 통해 저희도 성장하고 힘을 얻게 되어 여러 독자분들께 감사한 마음뿐입니다.

바쁜 일상 중에서 어떻게 시간을 내 책을 썼는지 물어보는 분들이 많았습니다. 제 멘토이신 송형호 선생님께 배운 대로 아주 작은 것이라도 내가 갖고 있는 것을 다른 사람에게 나눠주고 도움 주려고 하는 정신을 이으려 하고 있습니다. 학교 현장은 점점 더 힘들어지고 예측하기 어려운 상황이 생겨나고 있습니다. 이럴 때 서로 보듬고 응원하고 챙겨주는 동료가 있다면 이 길을 걸을 때 덜 외롭고 더 든든하지 않을까요?

이번 코로나19 사태를 통해 우리는 선생님들의 저력을 다시 확인했습니다. 온라인 수업에 대한 정확한 지침도, 방법도 모르던 시기에 일면식도 없는 수백, 수천 명의 선생님들이 온라인으로 연결되고 집단지성으로 뭉쳤습니다. 어려운 상황일수록 서로 돕고, 함께 어려움을 극복해내고자 하는 정신이 우리 교직 사회에 어느새인가 자리 잡기 시작했으며, 여기에 저희 책이 일조했다는 것이 굉장히 감사하면서도 뿌듯합니다.

당장 온라인 수업을 어떻게 시작하면 좋은지에 대한 궁금증과 두려움을 함께 해결하고자 했던 1권은 실제 수업 사례가 많이 담기지 않아서 아쉬운 부분이 있다는 이야기를 많이 들었습니다. 선생님들께 도움이 되고자 그동안 해왔던 온라인 수업의 실제 사례를 정리해서 책으로 엮어냈습니다. 교과 특성에 따라 활동이 다를 수 있겠지만 과목에 구애받지 않고 활용할 수 있는 수업 사례를 많이 준비했습니다.

더 나은 교육을 위해 오늘도 고민하고 계시는 분들께 도움이 되길 바랍니다.

저자 대표 손지선

교사가 진짜 궁금해하는
온라인 수업 2 : 실천 사례편

1판 1쇄 발행	2021년 2월 5일
1판 3쇄 발행	2022년 2월 22일

지은이	손지선, 김연수, 오소정, 윤효성
펴낸이	한기호
책임편집	여문주
편 집	오선이, 서정원, 박혜리
본부장	연용호
마케팅	하미영
경영지원	김윤아
디자인	박소희
펴낸곳	(주)학교도서관저널
출판등록	제2009-000231호(2009년 10월 15일)
주 소	서울시 마포구 동교로 12안길 14(서교동) 삼성빌딩 A동 3층
전 화	02-322-9677
팩 스	02-6918-0818
전자우편	slj9677@gmail.com
홈페이지	www.slj.co.kr
ISBN	978-89-6915-095-0 03370

* 이 책은 저작권법에 따라 보호받는 저작물이므로 무단전재와 무단복제를 금합니다.
* 잘못 만든 책은 구입하신 서점에서 바꾸어 드립니다.
* 책값은 뒤표지에 적혀 있습니다.